江西财经大学信毅学术文库

全球制造中我国企业创新网络嵌入路径研究

胡海波　著

中国财经出版传媒集团
中国财政经济出版社

图书在版编目（CIP）数据

全球制造中我国企业创新网络嵌入路径研究 / 胡海波著. -- 北京：中国财政经济出版社，2022.1
（江西财经大学信毅学术文库）
ISBN 978 -7 -5223 -0888 -3

Ⅰ. ①全…　Ⅱ. ①胡…　Ⅲ. ①互联网络－应用－制造工业－企业创新－研究－中国　Ⅳ. ①F426.4

中国版本图书馆 CIP 数据核字（2021）第 223013 号

责任编辑：彭　波　　责任校对：张　凡
封面设计：卜建辰　　责任印制：史大鹏

中国财政经济出版社 出版
URL：http：//www.cfeph.cn
E－mail：cfeph@cfeph.cn

社址：北京市海淀区阜成路甲 28 号　邮政编码：100142
营销中心电话：010－88191522
天猫网店：中国财政经济出版社旗舰店
网址：https：//zgczjjcbs.tmall.com
北京财经印刷厂印刷　各地新华书店经销
成品尺寸：170mm×230mm　16 开　12.5 印张　200 000 字
2022 年 1 月第 1 版　2022 年 1 月北京第 1 次印刷
定价：68.00 元
ISBN 978－7－5223－0888－3
（图书出现印装问题，本社负责调换，电话：010－88190548）
本社质量投诉电话：010－88190744
打击盗版举报热线：010－88191661　QQ：2242791300

总　序

书籍是人类进步的阶梯。通过书籍出版，由语言文字所承载的人类智慧得到较为完好的保存，作者思想得到快速传播，这大大地方便了知识传承与人类学习交流活动。当前，国家和社会对知识创新的高度重视和巨大需求促成了中国学术出版事业的新一轮繁荣。学术能力已成为高校综合服务水平的重要体现，是高校价值追求和价值创造的关键衡量指标。

科学合理的学科专业、引领学术前沿的师资队伍、作为知识载体和传播媒介的优秀作品，是高校作为学术创新主体必备的三大要素。江西财经大学较为合理的学科结构和相对优秀的师资队伍，为学校学术发展与繁荣奠定了坚实的基础。近年来，学校教师教材、学术专著编撰和出版活动相当活跃。

为加强我校学术专著出版管理，锤炼教师学术科研能力，提高学术科研质量和教师整体科研水平，将师资、学科、学术等优势转化为人才培养优势，我校决定分批次出版高质量专著系列；并选取学校“信敏廉毅”校训精神的前尾两字，将该专著系列命名为“信毅学术文库”。在此之前，我校已分批出版“江西财经大学学术文库”和“江西财经大学博士论文文库”。为打造学术品牌，突出江财特色，学校在上述两个文库出版经验的基础上，推出“信毅学术文库”。在复旦大学出版社的大力支持下，“信毅学术文库”已成功出版两期，获得了业界的广泛好评。

“信毅学术文库”每年选取10部学术专著予以资助出版。这些学术专著囊括经济、管理、法律、社会等方面内容，均为关注社会热点论题或有重要研究参考价值的选题。这些专著不仅对专业研究人员开展研究工作具有参考价值，也贴近人们的实际生活，有一定的学术价值和现实指导意义。专著的作者既有学术领域的资深学者，也有初出茅庐的优秀博士。资深学者因其学术涵养深厚，他们的学术观点代表着专业研究领域的理论前沿，对他们专著的出版能够带来较好的学术影响和社会效益。优秀博士作为青年学者，他们学术思维活跃，容易提出新的甚至是有突破性的学术观点，从而成为学术研究或学术争论的焦点，出版他们学术成果的社会效益也不言自明。一般而言，国家级科研基金资助项目具有较强的创新性，该类研究成果常常在国内甚至国际专业研究领域处于领先水平，基于以上考虑，我们在本次出版的专著中也吸纳了国家级科研课题项目研究成果。

“信毅学术文库”将分期分批出版问世，我们将严格质量管理，努力提升学术专著水平，力争将“信毅学术文库”打造成为业内有影响力的高端品牌。

王　乔

2016 年 11 月

前　言

在经济全球化浪潮中，国家经济越来越倚重创新来撬动新需求、形成新动力。随着全球范围内新一轮科技浪潮的兴起，创新风险性、技术复杂性及二者的融合已成为新时代经济发展的基本特征，使得传统内部创新方式已越来越难以适应日趋激烈的竞争环境，单一的创新主体也愈发难以实现创新目标。在全球化和新时代双重背景下，以构建创新网络的方式进行内外部合作创新将会成为制造企业未来创新发展的新趋势。党的十九大报告提出，要加快建设制造强国，加快发展先进制造业。制造业高质量发展是推动我国经济由量大转向质强的影响因素，是实现“两个一百年”奋斗目标的关键所在。当前，我国制造业大而不强，低端产品过剩、高端产品不足的矛盾仍然存在，在技术创新实力、资源利用能力、横纵协作水平等方面与发达国家还存在一定的差距。尤其是在疫情期间暴露出了产业链断裂危机以及生产协作面临的系统性困境，打破了制造业原有的生产秩序，给产业布局带来较大影响，也意味着我国制造业整体创新网络构建能力有待进一步提升。

创新网络意味着多元创新主体的存在，使得原有的单打独斗局面得到改善，企业可在合作共赢的理念下快速获取所需的资源。实现制造业高质量发展，制造企业必须积极构建与嵌入创新网络，识别、选择和有效利用创新网络中的创新资源。创新网络为制造企业发展提供了可靠的知识、技术、人才等关键性资源，是其获取核心竞争优势的关键。在全球制造网络范式和国家战略发展目标的影响下，我国制造企业亟须提升网络构建能力，迅速整合与高效利用领域内的创新资源。

顺应时代发展需求和国家战略要求，我们出版了《全球制造中我国企业创新网络嵌入路径研究》一书，本书系国家社科基金项目“全球制造中我国企业创新网络嵌入路径研究”（编号：15BGL033）的研究成果。

一、写作目的

本书的写作目的体现在三个方面。

（一）填补制造企业创新网络研究缺口

在经济全球化推动下，制造企业需寻求更广泛的网络化合作，在构建创新网络基础上，积极寻求在网络中的核心地位。新时代发展背景下，传统网络化发展路径越来越暴露出它的局限性，如何立足于全球化发展趋势，实现网络化创新并获得持续性发展和竞争优势，将外部资源与内部资源整合协同利用起来，获得技术创新的发展机会，是一个值得学者关注的问题。因此，本书的第一个写作目的便是站在学术发展的视角，从全球化情境出发，探索我国制造企业创新网络嵌入路径，弥补现有研究的不足。

（二）丰富制造企业创新网络实践路径

全球化是推动全球制造的关键因素，为发展中国家构建全球制造网络提供动力来源，但也为我国制造企业带来了一定的挑战。身处快速变化的新时代，更需要把握好全球化的机遇、应对好全球化的挑战。这需要我国制造企业积极嵌入与构建全球制造网络，以获取提升创新实力的关键资源与能力，实现更高价值链的提升。本书的另一个写作目的便是在学术研究基础上，丰富制造企业创新网络的实践路径，为从“制造诉求”到“创新诉求”以及从“中国制造”到“中国创造”质的提升提供指导和可行建议。

（三）提升制造企业网络思维意识

全球化使得制造企业可以较快地融入全球市场体系和创新合作中。面对全球化发展大趋势，制造企业不仅需要主动放弃单打独斗的封闭思想，更需将网络边界从国内延伸至海外。本书写作的第三个目的便是提升我国制造企业创新网络嵌入意识，使其认识到嵌入全球创新网络的重要性。

二、分工及篇章结构

本书凝结了多人的汗水与付出。胡海波教授负责全面协调工作，统筹设计写作大纲、体例要求及总撰定稿；卢海涛、毛纯兵和王怡琴等博士研究生在收集与分析文献资料、书稿编写与审校等方面付出了巨大的努力；费梅菊和余钒等硕士研究生参与了数据收集与整理以及书稿修订工作。

本书分为九章，每章既有具体内容的差异性，又有内在逻辑的统一性。

第 1 章为绪论。本章首先阐述本研究选题依据，介绍全球制造中我国企业创新网络构建的理论背景与现实背景，在此基础上，明确本研究的理论意义与实践意义，提炼研究问题。最后，对本书的研究方法、技术路线、创新点展开阐述。

第 2 章为文献回顾。本章围绕“全球制造中我国企业创新网络嵌入路径”这一研究主题，对全球制造网络、企业创新网络、网络嵌入、创新生态系统和资源整合等理论进行系统回顾。其中，从全球制造网络的内涵、类型、成员等方面对全球制造网络理论展开论述；从企业创新网络的内涵、结构、基本特征、生成机制和演化机制等方面对企业创新网络理论展开论述；从网络嵌入的内涵和维度两方面对网络嵌入理论展开论述；从创新生态系统的内涵和特征对创新生态系统理论展开论述；从资源整合的内涵、作用及过程等方面对资源整合理论展开论述。

第 3 章为研究设计。首先，本章介绍本书运用的案例研究、问卷、社会网络分析法等研究方法，着重对研究主要用到的案例研究方法进行系统介绍。其次，对全球制造的研究背景进行具体阐述，从案例典型性和数据可获得性角度介绍本研究案例选择，即选择汽车制造行业的江铃汽车和奇瑞汽车、文具制造行业的广博集团和家具制造行业的欧琳集团四家企业的原因，并详细论述研究的数据收集及数据分析过程，完整呈现本书的设计过程。

第 4 章为全球制造及企业创新网络现状分析。本章具体分析全球制造及全球制造中的企业创新网络现状，并对我国制造企业进行问卷调查，通过数据进一步了解我国制造企业的全球制造及创新网络情况。

第 5 章为全球制造的产品标准化主导企业创新网络嵌入路径研究。本章以奇瑞汽车与江铃汽车两家企业作为案例研究对象，分析产品标准化企业嵌入创新网络的路径以及企业构建创新网络的阶段特性，重点探讨产品标准化主导企业创新网络嵌入的主体、结构特征、影响因素、类型和方式等问题，进而得出产品标准化企业创新网络嵌入路径模型。

第 6 章为全球制造的产品个性化主导企业创新网络嵌入路径研究。本章以广博集团和欧琳集团两家企业作为案例研究对象，分析产品个性化企业嵌入创新网络的路径以及企业构建创新网络的阶段特性，重点探讨产品个性化主导企业创新网络嵌入的主体、结构特征、影响因素、类型和方式等问题，进而得出产品个性化企业创新网络嵌入路径模型。

第7章为全球制造中企业创新网络嵌入路径对比分析。基于第5章和第6章对全球制造中产品标准化和产品个性化主导企业创新网络嵌入路径的分析，本章从企业创新网络嵌入的主体特征、影响因素、类型和方式四个方面对全球制造中企业创新网络嵌入路径进行对比分析。

第8章为优化全球制造中我国企业创新网络嵌入的对策与建议。本章根据全球制造中我国企业创新网络的现状及案例研究，从企业创新网络嵌入环境、企业创新网络本身以及企业创新网络成员三个方面对如何优化全球制造中我国企业创新网络嵌入提出对策与建议。

第9章为研究结论与展望。本章总结归纳整个研究的内容，重点阐述本研究的结论、理论贡献和管理启示，对本研究存在的局限进行论述，并指出下一步值得深入研究和分析的问题。

三、致谢说明

本书适合企业中高层管理者、从事相关研究的学者、管理学领域的学生以及对创新网络研究感兴趣的读者参考使用，也可供高等学校经济管理专业本科生或研究生学习使用。

本书参阅了众多学者的著作和文献资料，并吸取了一些与本书研究内容相关的观点，在此向相关学者表示感谢和敬意！相关参考文献已标明出处，但可能存在遗漏或不当之处，敬请谅解！

感谢丹麦奥尔堡大学程杨副教授、江西财经大学工商管理学院胡京波博士等多位专家对本书的智力支持！在写作过程中，本书写作团队反复研讨与论证研究内容，相互审阅与校对，并集体修改与定稿。虽已尽最大努力完善相关内容，但由于作者团队知识和水平有限，不足和错误在所难免，敬请各位专家、读者批评指正，以便不断修正完善，更上一层楼。

江西财经大学工商管理学院

胡海波

2021年6月

目　录

1 绪　论

1.1 研究背景

1.1.1 现实背景

创新是一个企业的生命力，企业的持续发展离不开创新的支持，企业产品设计、产品生产、产品销售等各个环节都需要创新。因此，创新是企业持续成功的关键（Dziallas & Blind，2018）。互联网时代，科技创新得到快速发展，一些新的商业模式层出不穷，并在企业生产和实践中得到广泛应用。

在现实生产中，随着产品生命周期缩短、产品生产复杂性加深、研发费用增加以及市场环境快速变化，个别企业无法掌握创新所需的全部资源，因此网络状态下的协同创新正变得越来越普遍。一方面，创新网络可以促进并行创新任务的完成，大大缩短创新产品的上市时间，增强企业在动态竞争环境中的竞争优势；另一方面，创新网络结点的知识溢出效应可以促进区域创新（马腾等，2018）。

处于知识经济时代，创新是企业形成竞争力的关键因素。随着经济全球化的日益深入，世界各地政府部门、科研机构以及企业之间的技术交流和合作日益增多，基于知识、技术创造和传播的创新网络对企业发展显得尤为重要（刘炜等，2010）。

传统制造业要实现数字化转型，关键在于技术的快速迭代创新，这需要企业加大技术的研发投入，并能够识别制造业智能化的关键技术。中国制造企业竞争力来源正在发生不一样的根本变化，为中国制造企业找寻新兴能力与资源提供强大动力基础。价值网络是制造企业寻求创新资源的关键来源，也是制造企业开发高附加值产品的重要方向，更是从单纯地强调企业核心竞争力向网络协同体系动态变化竞争力转变。

自20世纪以来，从互联网技术到移动互联网技术再到数字化技术，新兴产业与新兴技术的相互融合，无不对社会和经济产生一定的影响。企业创新能力驱动能带动能源的创新和技术的升级，因此，企业创新网络构建和完善是企业面对全球经济格局形式所作出的主观能动反应。全球经济经历了互联网经济技术变革、美国次贷危机引起的全球金融危机，由于中国制造能力与消费升级之间的冲突，中国的制造产业长期依赖的成本优势将逐渐减弱。

从全球发展来看，全球制造企业正面临严峻的挑战。第一，受全球经济危机的影响，全球经济环境并没有得到完全的恢复；第二，美国、西欧等发达国家的制造业起步时间早、发展时间较长，能够形成一定的创新积累，并且其传统制造业经历了几次工业革命的重大转型，某种程度上很难被发展中国家完全复制模仿。我国虽然提出“工业4.0”的概念，但发展过程中也遇到了不少阻力，依然在转变的过程中。所以，中国以推动中国制造业持续快速发展、建立健全中国制造产业体系为出发点，立足于国际产业变革大势，为使中国迈入制造强国行列，中国政府作出了为全面提升中国制造业发展质量和水平的伟大部署。

自2013年以来，习近平总书记曾先后指出，“国家强大要靠实体经济，不能泡沫化”“深入实施创新驱动发展战略，增强工业核心竞争力”“推动中国制造向中国创造转变、中国速度向中国质量转变、中国产品向中国品牌转变”。2015年的政府工作报告也明确指出要加大对制造业的投入，并提出实施“中国制造2025”，加快从制造大国向制造强国的转变。国家也从政策上支持中国制造业的发展，于2015年5月印发“中国制造2025”，全面部署“中国制造2025”。

1.1.2 理论背景

“中国制造2025”最为根本性的任务之一，就是要矫正双重扭曲[①]，

① 双重扭曲：创新要素成本扭曲、劳动与资本收入扭曲。

解决我国制造业创新动力不足的问题，从根本上优化我国制造业的发展环境。从创新方式来看，原始创新、集成创新、消化吸收再创新等创新方式中，国家与社会将会更加突出原始创新的战略性地位。作为全球制造业的一部分，中国制造企业需要加速嵌入全球制造创新网络体系，以便吸收整合全球最先进的制造技术资源，实现企业创新能力的提升与突破，解决技术创新动力不足的问题。

从全球创新环境的角度来看，全球制造技术的创新速度取得了长足的进步，缩短了制造产品的生命周期，增加了产品的复杂性，新产品和新价值主张层出不穷。对中国制造企业而言，需要完全摆脱现有的制造创新，并继续沿着先进技术发展的轨迹寻求技术引进的机会，以寻找适合公司自身发展的创新技术范式。当处于外部先进技术创新的威胁时，我国制造企业应该加强引进能力、吸收改进能力，通过二次创新转向原始创新，并能最终创造具有自身特征的新技术，提出新的技术价值主张；从内向型封闭创新转向在开放的“全球制造网络”中进行自主创新。

从“双元性”视角来剖析全球制造网络中先发企业与后发企业的关系（彭新敏等，2016），先发企业（即发达国家的国际标杆企业）利用自身在全球创新网络中的领先地位抢占海内外市场，对于后发企业而言，它们在全球制造网络中将面临更大不确定性的技术变革、市场需求与制度条件。当然，先发企业在对发展中国家和欠发达地区的资源、劳动力等采取“经济剥削”的同时也为发展中国家的企业提供了学习和交流的平台，成为了发展中国家企业完善自身技术、积累知识、提升自身产业竞争力的契机。我国在向世界学习先进技术和获取知识的同时，不乏有敢为人先的佼佼者脱颖而出，成为行业典范，给我国发展世界级企业创新网络带来了启示。

处于创新活动与体系日益发展的环境下，人们已经认识到创新网络对企业创新能力提高的重要性（张永凯和李登科，2017），企业创新网络已成为企业技术创新能力发展的必经路径与最终形态。通过分析企业创新网络的各个要素和演变过程，本研究可以全面了解中国制造企业技术创新的一般行为。在正常情况下，企业创新网络的演化是内部发展自我演化和外部角色共同演化的最终结果；进一步可分析创新网络中的结点数量、连接强度、互补资源总量、资源利用方式和网络开放程度，梳理企业创新网络的演变，并帮助了解企业技术创新能力的发展变化。

在全球制造的浪潮中，发展中国家应积极利用好全球制造网络为产业升级提供的机会，积极融入产业集群与全球制造网络，争取成为网络中的高级成员，而不仅仅做代工（original equipment manufacturer，OEM）。我国制造企业需要提升企业内外部学习与创新能力水平，以便以高超的技术创新能力迅速转化为产品与服务开发能力，从而构建企业核心竞争力。在全球创新竞争格局中，中国制造企业的创新能力普遍较弱，可获得的补充资源相对有限。因此，中国制造企业应不断提高其消化吸收能力和创新能力，充分利用全球创新资源，促进企业创新网络建设和创新能力。

因此，本研究试图从企业微观角度出发，探索全球制造网络背景下我国制造企业创新网络影响要素、特征变化、作用机理等，为我国制造企业构建全球制造网络，并在网络中高效利用不同网络层次的资源与能力提供相应的理论与实践指导建议。

1.2 研究意义

1.2.1 实践意义

全球化既是机遇，又是挑战。全球化是推动全球制造的关键因素，为发展中国家构建全球制造网络提供动力来源，但也为我国制造企业带来了一定的挑战。国际跨国公司在全球创新网络中的领先地位日益提升，作为后发型的国内制造企业很难占据绝对优势，加上中国制造企业在全球创新网络中的位置较为边缘，使得企业获取的创新能力与资源有限。所以，研究企业创新网络的嵌入路径对提升我国制造企业创新能力、国际竞争能力，促进制造行业健康发展具有重要的实践指导意义。处于新经济时代，需要构建适合我国制造企业的创新网络体系，建立健全我国制造企业创新驱动机制，提出契合我国本土情境下企业创新管理的框架和方法等，分析检验创新能力对创新绩效的影响程度，这对于转变中国企业创新发展的宏观微观环境，提升企业的创新资源和能力，增强企业和国家的自主创新能力具有重要意义。

嵌入全球制造网络开展学习和创新，是企业全面创新管理的一个重要实现途径。在过去的20年里，嵌入全球制造网络是中国经济崛起的主要形式和关键点，参与全球制造网络为我国制造企业获取创新资源与能力提供了大量机会。（吴晓波和吴东，2009）。

嵌入全球制造网络之后，我国制造企业在获取创新资源的基础上，获得了进入国际市场的能力，使得我国本土企业可以在最短的时间内提升生产制造水平。学习与创新是实现嵌入甚至构建全球制造网络的关键所在。网络化创新是当前企业成功开展技术创新的基础与动力来源。随着信息技术与创新能力的融合，创新网络化发展日益成为企业营造其核心竞争力的重要手段（邬爱其，2007）。创新网络使得企业能够更快捷地从宏观环境中获取创新所需要的资源与能力，并将这些资源与能力转化为经济优势，形成核心竞争力，从而推动企业长久健康发展（彭新敏，2009）。

第一，本文从企业全球化的角度系统地分析了企业创新网络的生成和演化过程，总结了制造企业创新网络构建的一般演化规律，对提高中国企业的创新能力以及社会的整体创新水平具有重要意义，可为促进我国制造企业积极参与国际竞争提供参考。

第二，从企业全球化角度对企业创新网络的嵌入路径进行研究，对我国制造企业嵌入与构建全球制造网络，以获取提升创新实力的关键资源与能力，实现更高价值链的提升，为从“制造诉求”到“创新诉求”、从“中国制造”到“中国创造”质的提升提供指导和可行建议。

第三，企业间的竞争与合作关系、企业间的交流与协作方式，企业创新网络如何以合理的嵌入路径发展并降低技术创新过程中的风险，实现企业创新网络的有效治理，对我国企业参与全球性竞争而言，尤其是在“中国制造2025”以及“一带一路”倡议大背景下，有助于改变我国企业制造水平现状，为企业实现走出去战略、打造中国制造业名牌提供参考。

1.2.2 理论意义

近年来，企业创新网络逐渐成为国内外学术界的研究热点，本研究选题的提出紧跟学术研究发展趋势，具有一定的研究价值。就研究视角来看，本研究从微观和宏观角度分析企业创新与全球网络创建的关系，补充企业创新网络研究的现有不足，完善整体研究体系。另外，本研究选择以我国制造型企业全球创新网络的嵌入规律作为研究对象，着重分析企业在构建创新网络过程中的特征与类型变化，嵌入模型、嵌入绩效等关键问题，这也将弥补现有研究理论上的不足。

第一，从现有的研究结果来看，国内外学者对企业创新网络定义、构建动因等进行了大量的分析，对创新网络的阶段演化与内部关系进行了适当分析。但前期学者们大多从实证分析的角度对创新网络进行研究，关于创新网络的案例研究虽已出现，但还不够成熟。

第二，Imai 和 Baba（1989）、Freeman（1991）等学者最早提出了创新网络的概念，随后被其他研究者们不断研究和完善。学者们从不同的角度和层次研究了创新网络构建、创新网络结构、创新网络连接形式和结点关系等。学者们开始关注创新网络与技术创新绩效的问题，注重企业创新绩效与创新网络内部结构之间的关系研究。企业创新网络能够带来知识、资源、信息等潜在机会，单个企业向外创新，并寻求合作机会的趋势越来越明显。企业如何实现网络化创新并获得持续性发展和竞争优势，将外部性资源与内部资源整合协同利用起来，获得技术创新的发展机会，是一个值得学者关注的问题。

第三，作为企业创新与战略管理的研究前沿，企业创新网络为企业从封闭式创新向开放式创新提供了新的研究视角。现有研究主要从社会关系视角、社会协同视角等对企业创新网络展开研究，本研究从全球制造背景下研究企业创新网络嵌入路径，可以为企业创新网络研究提供一种新的研究视角。

1.3 研究问题

从现有研究情况来看，大量文献选择对不同类型企业从不同研究视角对企业创新网络展开分析，但目前关于企业创新网络嵌入路径的理论研究和案例分析都相对较少。学者们普遍对全球发达市场经济背景下的企业创新问题进行一定的剖析，但对企业网络内部关系状况的研究相对较少，尤其很少考虑诸如中国等发展中国家或地区转轨经济中创新网络的特殊性。目前，我国正处于新经济背景下，探索新经济常态下我国制造企业创新网络嵌入路径具有十分重要的意义。基于以上分析，本研究将从两大方面具体展开。

第一，探索制造企业创新网络的主体构成、演变过程、嵌入路径等问题。随着全球经济一体化进程的加速，企业需要利用创新网络的创新优势，获取适应全球化发展的资源与能力，以尽快缩小同先发优势企业的差距。全球制造网络中，处于网络中心的先发优势企业可以通过资源共享的方式快速而又低成本地获取全球资源能力，形成与其他网络企业的互补。

因此，剖析制造企业创新网络的结构特征、演变过程、嵌入路径等成为关键研究问题。本研究通过多案例的对比分析，总结全球制造中企业创新网络嵌入路径，具体从企业创新网络嵌入结构特征、影响因素、类型和方式四部分展开，为研究全球制造背景下我国企业创新网络构建路径提供理论依据。

第二，结合全球制造的特殊背景以及嵌入性等理论，深入研究目前我国制造企业创新网络的发展现状以及未来方向，以便进一步为我国企业在全球制造中创新与发展提供可靠的决策依据。

全球化为发展中国家提供了宝贵机会，在全球化的影响和推动下，中国制造企业如何突破产业局限进行深入改革和高端升级成为全球制造企业成功嵌入全球制造网络不得不面临的严峻难题。企业以网络形态进行创新的模式可以使企业适应飞速发展的市场环境，应该得到充分的重视。企业以全球制造网络为切入点，与外部组织机构优势互补、长期合作，可以帮助企业提升自身在全球经济大环境下的核心竞争力。处于全球化背景下，无论是发展中国家还是发达国家企业，经营风险与节约成本都是不可避免的话题。我国企业要立足于不败之地必须形成强大的创新能力，并主动争取全球制造网络中地位优势，占有核心资源，建立渠道系统，以更快的创新速度、更高的创新层次巩固自身的竞争地位。

所以，对于我国企业来说，主动参与构建创新网络是其获取竞争优势的关键所在。不可否认的是，具有足够吸引力的企业融入强大的创新网络中的可能性更大，因为它可以与网络中的其他结点企业产生一定的共鸣，有利于进行有效沟通与相互学习。目前，我国政府支持企业自主研发，以何种渠道实现自主创新是需要回答的首要问题，创新网络将成为提升我国企业自主创新能力的重大方向。

因此，本研究立足全球制造背景下我国制造企业的现状，研究在全球制造网络效应下，网络关系嵌入与吸收能力的协同对发展中国家本土企业向全球价值链高端攀升的影响。同时，强调本土企业的本体地位及其自主创新动机的重要性。

1.4 技术路线

本研究基于“提出问题－分析问题－解决问题”的逻辑思维，结合理论研究与案例研究方法，着重分析全球化背景下我国制造企业创新网络嵌入的路径。具体研究思路如图1－1所示。

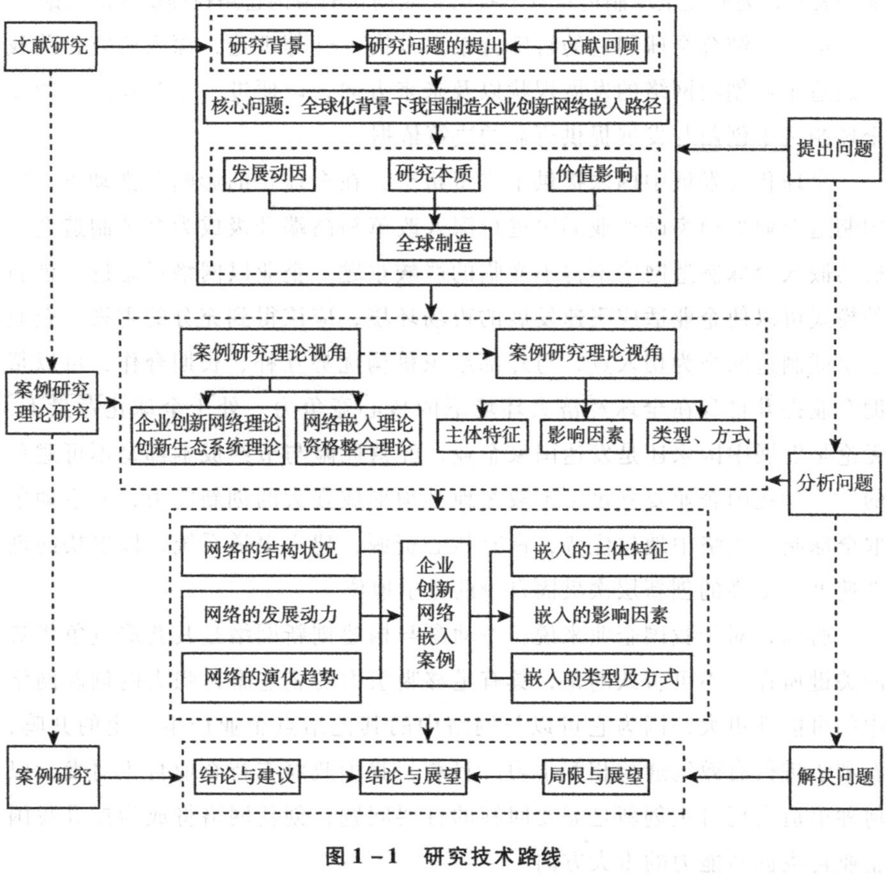

图1－1 研究技术路线

第一，基于文献回顾与研究背景，发现研究现状与研究的突破点。

第二，对企业创新网络理论、网络嵌入理论、创新生态系统理论和资源整合理论进行介绍。

第三，根据相关基础理论，对我国产品标准化主导企业进行案例研究，注重探讨产品标准化主导企业创新网络嵌入的类型、一般路径等。

第四，根据相关基础理论，对我国产品个性化主导企业进行案例研究，注重探讨产品标准化主导企业创新网络嵌入的类型、一般路径等，结合产品标准化主导企业创新网络构建特征，试图构建企业创新网络嵌入一般模型。

第五，基于以上的案例分析，对具有普适性的结论进行总结，发现企业创新网络嵌入的一般规律，以便进一步为我国企业创新网络嵌入提出有价值的理论与实践指导。

1.5 主要创新点

本研究的主要创新点包括三个方面。

一是系统归纳了企业创新网络嵌入的结构特征。企业创新网络结构指企业在创新网络中与其他结点组织产生合作时所表现出来的关系特征，一般包括网络密度与网络规模两大特征（吴松强等，2018）。相关理论研究表明，网络密度与网络规模的大小决定了企业创新网络的其他结构特征，如成员异质性指数和网络中心性等（Barmey，1991）。本研究首先结合案例研究对创新网络结构特征进行综合分析，在此基础上，借助社会网络分析方法，从整体视角对创新网络的结构特征进行测量，以验证案例研究相关结论的正确性，精确把握企业创新网络嵌入的结构特征。

二是从动态演化的视角分析企业创新网络嵌入与演化规律。现有研究通常从静态的视角分析企业创新网络的嵌入影响因素、嵌入类型与嵌入方式等（任宗强，2012）。结合相关理论分析与案例分析，本研究认为企业创新网络的嵌入是一个动态变化的过程，并在此基础上构建了企业创新网络嵌入与演化的一般模型。

三是界定不同类型企业创新网络嵌入的异同点。不同类型的企业创新网络嵌入可能会因其产品特性、行业位置等产生差异，基于此，本研究充分考量这些影响因素，对不同类型企业创新网络嵌入的特性进行案例分析。首先，根据产品特性，将我国制造企业分为产品标准化主导企业和产品个性化主导企业，其中产品标准化主导企业是指企业生产、销售的产品与同行业企业大致类似；产品个性化主导企业是指企业以自己特色的产品立足于行业中。其次，根据所处行业位置，将企业分为核心企业（处于行业领先位置）和非核心企业（处于行业中低端位置）。最后，根据上述分类标准，对不同类型企业创新网络嵌入路径进行案例对比分析，以发现企业创新网络嵌入的普适规律。

2 文献回顾

2.1 全球制造网络

2.1.1 全球制造网络的内涵

自20世纪80年代以来，国内外学者逐渐关注全球制造（Schmenner，1982）。制造工程、操作规章以及生产标准是全球制造研究最开始关注的内容，以寻求区域制造工厂向全球化制造边界与协同网络渗透（Shi & Gregory，2005）。与此同时，制造工程和生产与运营管理（P/OM）概念实现从单一集中制造向集成国际制造网络转变（Ferdows & Carabetta，2006），实现从单纯地关注母子关系向海外分公司管理转变（Kogut & Kulatilaka，1994）。工厂选址、成本评估（Meijboom & Voordijk，2003）、区位优势（Ferdow & Carabetta，2006；Vereecke & Dierdonck，2006）是早期全球制造相关研究重点关注的三个方面。随后，驱动力成为研究全球制造影响因素的热点理论视角，众多学者因此提出了一系列影响全球制造的因素，如制造成本、能源价格、关税与非关税壁垒情况、利用汇率波动状况、市场变动性、供应商实力、获取特殊技能的多少、基础设施多寡、劳动力的可用性、业务扩张的可用性、获得互补服务等方面（Ferdow & Carabetta，2006；Dubois et al.，1993；Bolisani & Scarso，1996；Meijboom & Vos，1997；Vereecke & Dierdonck，2006）。

基于对微电子行业的实证研究，Flasherty（1986）首先提出了全球制造的组织结构特征，他认为，制造业组织结构需要具有区域分散的机构，同时共享共同的基础设施或其他现成的资源，这种结构的最大优点是它可以是协同作用。进一步地，Ferdows（1989）将这种制造组织结构定义为工厂网络，网络中，工厂都扮演着重要的行为或战略决策。虽然该定义强调对网络以及网络子集成员的关系，但却忽略了网络的整体功效。

Cohen 等在 1989 年提出工厂、市场以及供应商是国际制造组织结构的关键组成部分，受国际金融因素驱动，如关税、汇率等，各组成部分可能会采取不同的战略。国际制造网络（international manufacturing network）的概念是由 Mike Gregory 等在 1998 年提出的，随后，Mike Gregory（2002）又提出全球制造虚拟网络（global manufacturing virtual network）的概念，作为组织结构的新概念，为全球制造企业适应全球市场变化提供理论和实践指导。基于此，Ernst 和 Kim（2002）首次提出全球生产网络（global production network）的概念，这种网络结构将企业的子公司、供应商以及其他战略性合作伙伴连接起来，以便协调企业内与企业间的关系。另外，Ernst 和 Kim（2002）还认为，通过组织创新可以使得企业内与企业间的关系更加协调，使得网络中的旗舰企业能够将分散于全球各地的供应市场和消费市场系统整合（吴晓波和吴东，2009）。基于现代通信技术与新合作模式的融合，全球制造网络作为一种新的制造系统作用于企业的全球化制造过程。在全球制造网络中，以国际旗舰公司为核心，公司可以整合具有不同能力和不同特征的制造公司，进而形成具有独特优势的制造服务能力（杜健等，2013）。全球制造网络使得企业合作范围不断扩大，实现从内部到外部的合作、从本国到全球的网络合作。与此同时，合作的复杂性也在持续提升，即创新网络中因为不同企业或组织的存在，使得创新网络内部合作关系经历从简单到复杂的过程（Ernst & Kim，2002）。

2.1.2 全球制造网络的类型

全球制造网络一般可以分为两种具体类型，即配置与协调（Colotla et al.，2003）。全球制造网络组成可以分为两类成员，网络关键核心企业和非核心企业（如各类供应商）（Shi & Gregory，1998；Ernst & Kim，2002）。推动全球制造网络形成与发展的因素可以分为：市场与行业制度的变动、相关专业型企业的产生等（Shi & Gregory，1998；Ernst & Dieter，2002）。

相对来说，全球制造网络内部的差异性较高。从我国制造企业来看，企业内外竞争是我国制造企业需要解决的关键问题，具体来说，资源的稀缺性要求企业在内部经济活动中占据一定的位置优势，同时，这些资源投入研发创新中还是投入OEM生产中也是企业需要解决的一项关键问题。另外，企业外部的专业化运作竞争也是企业需要关注的对象，这便要求企业能形成差异化，避免在同质化竞争中被淘汰。

总体上，我国企业在全球制造中面临着海外贸易依赖和受国际跨国公司掌控的危机，同时也处于全球制造网络实现转型升级的大好良机。全球化环境下，逐步丢弃低技术的制造加工成为我国制造企业求得长久发展的关键所在。庆幸的是，我国某些制造企业意识到了这点，逐渐将传统劳动力密集型企业转型升级为依靠创新驱动的新兴企业，逐步嵌入全球创新网络中。不可否认的是，全球制造网络是后发企业获取创新资源与能力、实现战略转型的关键路径（吴晓波和刘雪锋，2006；Costa et al.，2018）。

制造企业面临的竞争越来越激烈，全球化的不可阻挡导致了环境的不稳定。过去几十年，随着全球人口流动的加快，运输成本的降低以及海关的贸易限制的放宽，使企业能够构建高效的全球化制造网络，以迎接即将到来的挑战。全球制造网络是企业实现本地创新资源转移的关键性因素，中国制造企业需要立足现实，嵌入全球创新网络，实现在网络中的领先优势。

2.1.3 全球制造网络的成员

全球制造网络需要企业内部与企业外部各个组织间的协调（贾晓霞，2015），因此需要涉及价值链的各个环节，包括设计、采购、物流、营销、服务等，既包括与企业有直接产权关系的子公司等，也包括与企业无产权关系但提供服务支持的各类企业。

全球制造网络由网络中的核心企业与网络中的供应商两类成员组成（Ernst & Kim，2002；贾勇和李冬姝，2014）。第一类是网络中的核心企业，具体体现为掌握关键资源的大型跨国公司，它们往往能够决定网络战略。第二类是网络中的不同供应商或供应组织，包括与核心企业存在联系的子公司、下属机构等，它们为核心企业提供各种服务。

2.2 企业创新网络

现代企业的核心竞争力很大程度上取决于科技创新能力，随着全球范围内掀起新一轮的科技浪潮，传统的企业内部创新模式已经越来越不能适应新的社会发展模式和激烈的竞争环境。Wernerfelt（1984）提出资源基础理论（resource based theory，RBT），又称资源基础观（resource based view），提出不同类型的企业拥有不同的资源组合，这些具有异质性、难以被轻易复制的资源决定着企业的持久竞争优势。随着资源的相关研究逐步推进，资源学派认为，那些难以被其他企业模仿，本身具有价值性和不可替代性的资源是企业获取与保持竞争优势的关键所在，直接影响着企业绩效（Crook 等，2008）。由于单个企业内部资源十分有限，为提升竞争能力，实现合作创新，企业必须从同一创新网络的其他企业处获取外部互补性资源。一般来说，企业通常会基于优势互补的原则与其他网络企业交换外部性稀缺资源。借助社会契约与审核关系等，通过先进的信息技术等手段，企业可以较好地将客户、政府、研发机构、高等院校和供应商等连接起来。整合内外部创新资源，形成跨组织的联动创新网络已经成为一个新的趋势。Fombrum（1982）认为，企业创新网络使得企业和相关外部组织之间成功建立了互惠互利、互信共赢的合作机制，作为一种合理且高效的创新模式，有利于提高社会整体的创新效益。

2.2.1 企业创新网络的内涵

社会网络理论起源于 20 世纪 30 年代，最早由英国人类学家 A. R. Racliffe - Brown 提出，是指由一组特定类型的社会关系（如友谊、成员资格、交易关系等）联系起来的结点形成的网络。70 年代后期，社会网络理论趋于成熟，Cairns 等（1988）提出“社会网络是由某些个体间的社会关系构成的相对稳定的系统”，为社会网络下了更成熟的定义。目前，该理论的发展已经超越了个人关系的范畴，通过企业组织间的关系替代个体间的社会关系，企业结点替代个人结点，将单纯的市场价格协调机制升级为市场协调与社会规范共同作用的机制，为古典经济学理论提供了有益补充（Davern，1997）。社会网络分析是基于社会网络结点间的关联特征，解释结点行为及整个系统行为的一种社会学分析方法。社会交换理论的发展与社会网络分析具有天然的亲和性，因此，社会网络分析已成为社会网络理论发展的重要工具（Wolfe，1995）。哈兰德（1995）在其所著《网络与全球化》（*Network and Globalization*）一书中描述了网络从物理角度被认知的一般定义，即“一种纤维线、金属线和其他类似物联结成的一种‘网’的结构都可以被称为网络”。随着对结构的认知从物理层面进一步抽象到社会关系层面，网络的定义也进一步拓展。目前，网络是指以不同形式演变出来行为主体之间的联系。之后，网络的概念被运用至经济层面。威廉姆森（1985）基于交易成本理论提出，网络是从层级组织出发将市场交易连结起来的一种组织形式，层级组织即为身处网络中的企业，故网络也可以被认为是企业基于市场需求建立的一种社会契约关系或者制度安排。弗里曼在引证 Imaiand Baba（1989）对创新网络定义的基础上，提出企业创新网络实质上是一种系统性的制度安排，在网络中，企业间的创新合作是维持网络运作的关键机制（郝迎潮和万迪昉，2008）。

现代企业创新是一个相对复杂和充满不确定性的过程，自从 1912 年熊彼特（Schumpeter J. A.）在《经济发展理论》一书中系统性地提出“创新”的概念后，创新实践依次经历了线性模式、整合模式、系统集成与网络模式四个阶段（沈必扬和池仁勇，2005）。日趋激烈的市场竞争使得资源稀缺问题日益突出，现代企业从内部所获的有限资源几乎不可能满足自身的创新需要，企业内部也难以纳入完整的创新活动价值链，因此企业不得不通过与类型不同、资源优势互补的外部组织合作以获取创新发展的必需资源。企业创新网络通过构建一种相对稳定的合作机制，合理规避了高昂的市场交易费用，有效降低了组织创新成本，也有效地激活了企业的创新动力，这将成为解决企业创新能力过低问题的有效方法或路径选择（John & Ken，1998）。

沈必扬和池仁勇（2005）提出，企业创新网络的本质是创新要素的融合与集成。在此基础上，他们对企业创新网络进行了详细的解释：企业创新网络可以看作是在某一范围内的企业与其他组织在相互合作的基础上建立起来的具有一定稳定性，能最大程度地激发创新动力的关系总和，这些组织具体包括地方政府、行业协会、科研院所、大学、中介机构、金融机构等。

企业创新资源的稀缺与创新能力的缺失，促进了企业创新网络的构建。由于创新网络中占主导地位的行为主体不同，行为主体对稀缺资源重视程度的不同，使得企业创新网络的形式具有差异性。企业创新网络的构成要素有：其他企业、中介机构、供应商、客商、大学及科研院所、政府、金融机构，这些要素之间的相互作用与相互联系有效实现了技术、知识等资源的共享，使得企业创新网络实质性融合，进一步提升了网络企业的创新能力。企业创新网络的结构分析见图2－1。

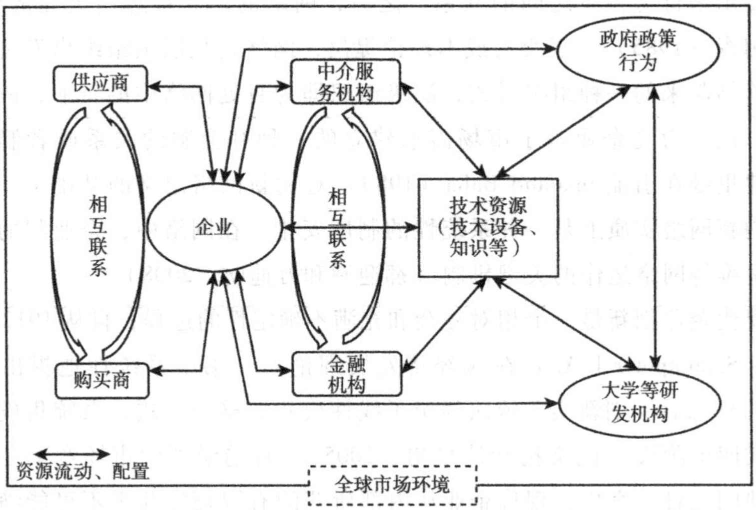

图2－1　企业创新网络的结构

由于创新网络内部各主体扮演着不同的角色，所以这些主体对整个创新网络起着不同的作用，但一般情况下，创新网络的战略方向往往取决于网络中的核心企业（张永安和葛振猛，2014）。创新网络是由无数的结点构成的，结点是指在创新网络中进行创新合作而与其他结点形成连接关系的相关主体，在创新网络中，结点包括企业、其他上下游企业、科研院所、大学、中介机构等。具体而言，企业在创新网络中能与其他结点企业进行资源、技术等双向交流与共享，只是这些资源与技术等存在大小和强弱的差异。

企业创新网络的结构类型可以从以下多个视角进行分析：

（1）知识转移的视角

知识转移属于一种流动现象，是将企业与其他组织的知识类资源进行传播的一种途径，这种资源流通会引起主体间行为的改变，由此带来网络中连接关系的改变，即网络的结构发生变化。作为企业的关键知识，技术是企业与其他组织进行知识转移的重要内容之一，技术转移的快慢将会影响到企业获取创新能力的多少，是企业进行创新的重要手段之一。毛睿奕和曾刚（2010）基于整体地理开放性、个体间技术势差两个方面，分别从开放性高低、技术势差大小将基于集体学习的创新网络划分了四种模式，并分析了每种模式的特征及演化路径，其中，地理开放性衡量网络企业接触网络外知识的成本与机会，个体间技术势差衡量网络企业的技术实力与知识吸收运用能力。现有研究从知识转移视角把握了创新网络结构变化的本质，但知识流动在核心企业与其他企业、机构之间的区别仍需深入探索。

（2）创新网络主导者类型

通常情况下，核心主体在创新网络中占据着绝对中心位置，影响着创新网络的发展方向。针对创新网络主导者的不同类型，蒋晓萌（2012）基于创新网络中核心主体的差异性，将创新网络分为政府主导型、科研机构主导型、主要企业主导型以及复合型创新网络。陈志明（2018）立足全球视野，将创新网络的构建主体大致归纳为四类组织——国际组织（国际公共－企业研发联盟）、产业组织（离岸创新网络、外包创新网络）、平台组织（非正式社会网络）以及群体组织（非正式社会网络）。基于我国政府优化宏观调控的需要，还有较多学者对政府占主导地位的这一类创新网络进行了深入研究。

（3）创新网络的功能

创新网络由于促进了知识在网络内部的流通，已经成为企业与行业快速获取资源与能力的重要方式，有助于推动企业之间与行业之间的紧密合作。与此同时，创新网络因为其便捷性和便利性，能很好地帮助企业降低创新成本、快速提高创新绩效等。王威（2007）基于网络功能视角，将创新网络划分为多元组织创新网络、技术创新服务支持网络系统、技术创新战略联盟三种模式，进一步凸显了创新网络对企业创新能力发展的重要作用。

（4）企业与其他结点关系

结点是网络中的特定主体，反映了创新网络中行为主体的数量，企业、科研院所、大学、中介机构等相关主体均可作为结点。企业自身也是创新网络中的一个结点，目前众多学者对这一特定的结点产生了浓厚的兴趣。马鹤丹和孙洁（2011）基于对美国硅谷、中国台湾新竹、印度班加罗尔以及中国中关村四种不同区域的创新网络形态、功能、形成过程等进行了比较分析，以探明不同区域创新网络中企业与其他结点产生的合作关系，用于指导企业构建与维护良好的网络合作关系。

（5）创新网络的边界

创新网络的边界是由结点数量与结点间的合作程度共同决定的。通常而言，创新网络中的结点数量并非是无限的，结点间的合作关系并非十分紧密。因此，创新网络也是有一定边界的。基于此，马琳和吴金希（2011）从网络边界的视角出发，根据网络边界的开放程度，将网络边界进行排序，由此将创新网络具体划分为封闭式创新、合作创新、开放创新和全球创新四种模式。创新网络的边界理念对于研究创新网络的范围、演化路径等具有关键的作用。在这一研究视角下，仍需对网络中的各个主体进行具体分析，即网络边界的相关研究离不开对网络个体特别是网络主导者的分析。

企业创新网络作为社会网络的一种表现形式，其协同作用基于文化认同感的高效信息流动和相互信任的创新合作（Drejer & Jorgensen，2005）。对创新网络的分析可运用社会网络分析方法，从“联系方法”和“结构方法”两方面入手（张宝建等，2011）。

（1）联系方法

企业与外部组织通过各种特征关系建立链接，不同形式的资源借助这些链接进行流动，从而构建出企业创新网络（Manimala，1998），因而网络中创新主体间是一种资源依赖型联系。从联系强度的角度，创新网络表现为强联系和弱联系。基于市场环境的不确定性和合作交易的不稳定性，经验知识型的资源转移往往只发生在高度互信的主体之间，强联系显然具有更高的抗冲击能力，企业可借助强联系进行利用式创新。弱联系则多发生在差异性较大的主体之间，有助于企业进行探索式创新（蔡宁和潘松挺，2008）。

（2）结构方法

受到 Granovetter（1973）弱联结力量理论的启发，Burt（1992）从结构主义视角提出了结构洞理论。结构洞理论强调，社会网络的结构洞可为处于该位置的结点带来信息和资源优势。结构洞为善于玩弄信息资源的行动者提供了获利空间，是网络中的“好位置”（罗家德，2005）。网络中存在的结构洞提高了网络的冗余度，有利于加快异质信息的传递。

2.2.2 企业创新网络的基本特征

企业创新网络的基本特征可归纳为五个方面：动态性、开放性、互补性与协同性、去中心化和本地化（沈必扬和池仁勇，2005；张伟峰和万威武，2004）。

（1）动态性特征

企业创新网络的成员始终处于更替之中，网络中流通的知识、信息等资源也在不断更新，各行为主体间的竞合关系也随着环境而不断变化，可以说企业创新网络本质上是一个动态发展的网络。正是这种动态发展模式维持着网络的新陈代谢，不断完善网络结构，实现了创新网络整体效益的最大化。

（2）开放性特征

企业创新网络是一个开放性的系统，不存在严格的边界，网络中的企业会不断寻找更多的外部伙伴，以获取互补性资源和远距离知识来开拓新的市场。

（3）互补性与协同性特征

企业创新网络的成员往往具有自己特定的优势和资源，各成员拥有的创新要素具有互补的关系。每个成员凭借其特定优势和资源，占据创新网络中的相应地位，并借助这种优势互补基础，有效降低交易成本，形成网络协同效应，放大整个网络的创新能力。

（4）去中心化特征

企业创新网络相较传统组织更为松散，资源和要素在网络中自由流动。网络主体间存在规模和功能的差异，但都能通过网络构建相对平等的合作关系，实现互补性资源交换，因此，企业创新网络是一种去中心化的网络。

（5）本地化特征

现代通信技术的发展，使企业间能够方便实现跨区域甚至跨国家交流，但企业创新网络的成员往往具有区域聚集性，具有本地化特征。这是因为企业创新网络只有不断从本土创新土壤中汲取"营养"，才能有效激发网络各主体的创新积极性，增强整个网络的创新活力。

2.2.3 企业创新网络的生成机制

（1）网络租金的诱导机制

社会网络分析方法将联系分为强联系和弱联系。强联系促进了创新主体的协作，降低了企业间交易成本，有效促进了网络资源的流动；弱联系则提高了网络的信息冗余度，丰富了网络资源（张宝建等，2011）。网络资源为成员企业带来了相对竞争优势，使其对网络组织外部形成垄断利润，体现为超额的"网络租金"（Dyer & Singh，1998）。从相关实证研究中，我们得出结论，创新网络成员间的互补性与协同性越高，企业构建与维护网络的积极性也越高，其构建网络关系付出的努力也越多，这些积极因素可以有效增加网络租金（张宝建等，2011）。

（2）结构洞的驱动机制

创新网络中占据结构洞位置的主体相对其他普通成员拥有信息获取优势和信息控制优势，这一主体往往能从网络中快速整合自身创新所需资源并营建竞争优势。这使得处于非结构洞位置的网络成员努力改变内部竞争格局，由此带来了网络内部分支结构和网络规模的同步增长。

①信息获取优势驱动网络结构生成

"结构洞"的占据者能够获取网络中来自多方的非重复信息，这种信息优势为其组织或参与商业活动提供了较大便利，使其常常能够先于其他成员采取行动，抢占先发优势。因此，为保持上述竞争优势，处于非结构洞位置的劣势成员相互交往的意愿随之产生并逐步增强，这种交往或者直接进行，或者通过新的外部第三方进行，导致了网络内部新联系的产生和新分支结构的出现。

②信息控制优势驱动网络结构生成

一方面，结构洞的占据者能够对网络信息的流动方向和内容进行筛选和控制，为其自身带来更丰富的资源，并提升自身的议价能力。其他成员则会为摆脱不利竞争地位相互进行联系。另一方面，如果结构洞两端的信息流动能为结构洞占据者带来利益，它也将乐于成为沟通中介，从而促使网络结构的延伸。

2.2.4 企业创新网络的演化机制

网络租金的诱导机制和结构洞的驱动机制促使了创新网络的生成，而创新网络的演化则遵循着“不稳定—次混沌—混沌—稳定”的回路模型（党兴华和郑登攀，2009）。从网络租金的角度观察，我们可以将创新网络的演化进程分为组建、成长、成熟、更替四个阶段（张宝建等，2011）。

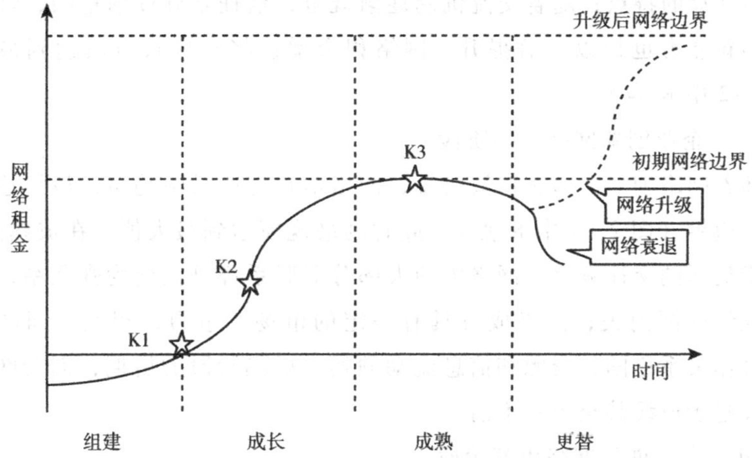

图 2－2 企业创新网络演化：网络租金变化规律

（1）企业创新网络组建阶段

创新网络组建之初，网络成员间的联系表现为有限的强联系，网络发起者担任网络的“中间人”角色，发挥着整合网络资源并为其他有意向进入该网络的旁观者提供决策参考的作用（Hansen，1999）。此时，整个网络规模较小，网络主体数量有限，难以形成规模效应，同时网络租金为负，对企业的经营绩效改善并不明显。旁观者出于风险考虑，对于是否加入该网络态度犹疑。此阶段的创新网络表现为交流机制缺乏规范、信任基础不稳固、成员间的合作关系容易受到利益驱使而发生动摇、网络创新功能发挥不足、对知识和资源的集成能力较差等。

（2）企业创新网络成长阶段

临界值 K_1 是决定企业创新网络对企业发展影响程度的值，即当企业创新网络的规模超过 K_1 后，企业在创新网络的推动下进入快速发展的阶段，不断吸引着新成员加入创新网络中，旧成员在前一阶段的基础上加强彼此的合作关系，使得创新网络的规模再次得到扩张。网络间的联系程度也与网络成员间的交流频繁度存在一定的关联，当创新网络达到一定规模以后，创新网络间的交流会更加频繁，由此推动企业进一步加强联系，以便帮助企业解决某些问题尤其是与创新发展有关的问题（Eisenhardt & Tabrizi，1995）。这时期，企业逐渐向特定目标的实现转移，网络表现为强弱联系共存的特点；随着交流机制逐渐规范，信任基础逐渐稳固，整个网络的创新能力也得以显著提升。网络租金增速将在成长阶段达到最大值（图 2－2 中 K_2 点）。

（3）企业创新网络成熟阶段

随着网络创新能力逐步被发掘，网络增长速度日渐趋缓，最终达到一个效率边界（图 2－2 中 K_3 点），此时网络规模达到最大值。在成熟阶段，网络成员间的交往频繁，网络中的大部分弱联系都已演变为强联系，结构洞的优势逐渐消失；网络成员具有一定的市场竞争力，相互之间高度合作，合作关系稳固，资源和信息流动顺畅。成熟阶段的后期，创新网络规模增长趋于放缓甚至停滞不前。

（4）企业创新网络更替阶段

处于创新网络更替阶段，企业为应对环境变化可能暂时进行企业互锁，在某种程度上阻碍了外部异质资源的进入（Zukin et al.，1990）。当网络外部的新技术逐渐成熟并逐步抢占市场份额后，网络内的优势被动逆转为劣势。此时创新网络的演化进入一个关键抉择点，将出现两种可能的演化路径：一是创新网络就此衰退，直至最终解体；二是网络内部的某些具有一定资源与能力优势的企业开始寻求转型路径，自主与外部结构搭建长久联系，成为网络内新的“信息桥”，创新网络进入二次演化阶段。

综上所述，企业创新网络的演化表现为基于实现创新网络组织的整体动态平衡的目标，在网络租金的诱引下，通过不断识别网络创新要素来完成结构洞的开发（张宝建等，2011）。但在网络演化的后期，将出现网络锁定陷阱，由此可能导致创新网络最终失去活力。

2.3 网络嵌入

2.3.1 网络嵌入的内涵

网络嵌入理论是研究企业创新网络研究的一个重要工具（Gilsing，2008）。作为经济学与社会学研究中的一个关键理论，嵌入对研究经济行为最大化具有重要作用。目前，众多学者在组织适应（Uzzi，1996）、经济社会学、组织与战略学、联盟的网络理论（Gulati，1998）、社会资本（Portes，1998）、市场渠道（Moorman，1992）、创业（Jack，2002）、网络与组织（Nohria，1992）等领域对嵌入进行了大量相关理论研究，促进了嵌入理论的快速发展。

嵌入理论最早可以追溯到1944年，Polanyi在其著作《大变革》中首次创造性地提出了“嵌入”这一概念。后来，不同学者尝试对嵌入理论建立不同的理论模型。Granovetter（1985）的研究促使嵌入理论获得突破进展，他的研究使得嵌入理论在管理学中得到运用。他将嵌入理论视为一种社会关系情景，在这一情景中，企业进行与其他相关者的经济活动，这与经济学中的相关利益指向行为理论观点相似。进一步地，他认为嵌入理论是对新旧理论的折中思考，弥补了各自的真空地带。另外，他还认为学者和企业都应该对经济与社会之间的互动关系进行密切关注，以便更好地还原市场进入社会过程中的最本质特征。所以，嵌入理论尝试将所谓的市场过程证明嵌入社会发展的全过程（Portes & Sensenbrenner，1993）。有一点我们应该意识到，那就是嵌入理论非常重视经济现象，同时也关注嵌入过程与结果的效率及相互关系（Marsden，1981）。继 Granovetter（1985）的核心观点被广泛接受后，嵌入思想逐渐成为管理学、经济学等学科的关键理论之一。在此基础上，Barber（1995）对嵌入理论进行了大胆的解释与分析，他将嵌入理论作为一种可以纠正新古典经济学不足的关键性工具。随后，嵌入理论逐渐在批判新古典经济学中关于市场社会化不足的一支核心理论发展壮大。

2.3.2 网络嵌入的维度

Granovetter（1985）提出了关系嵌入性和结构嵌入性的分析框架，Zukin 和 Dimaggio（1990）认为，经济行为受到认知嵌入、文化嵌入、结构嵌入和政治嵌入等影响。叶庆祥（2006）从关系嵌入、结构嵌入、地理嵌入、成员嵌入出发，认为关系嵌入层面通过结合多种因素考虑逐步选择结成较强联系企业，通过技术合作等深化关系；结构嵌入中心以民营企业为主导的本地结构嵌入形成一般有“核心企业领导模式”和“小企业共生模式”两种途径；地理嵌入分为自发、块状、集群嵌入三类；成员嵌入随着网络的发展呈现从完全开放到部分“锁定”的动态变化特点。

继 Granovetter 和 Barber 研究之后，Zukin 和 Dimaggio（1990）对嵌入理论进行了更精细的延伸，他认为嵌入理论应该包含与经济行为相关的一切活动，比如政治制度、社会结构、认知水平与文化习俗等因素，进而构成四大嵌入体系：制度嵌入性、社会结构嵌入性、认知嵌入性和文化嵌入性。Zukin 和 Dimaggio（1990）认为嵌入理论是联系组织与经济的关键点，关注组织之间、文化之间、制度之间的联系，并将这些联系嵌入经济社会学的研究之中，进而推动经济行为与经济效率的关键平衡（Smelser & Swedberg，1994）。

Uzzi（1996）认为嵌入理论在经济社会学中的作用将会重新引起研究领域的相关争论，因为这一理论的效果究竟如何是需要一定时间考验的。虽然有很多学者对于嵌入理论在经济活动中的作用表示是肯定的，但是仍然有很多的经济学家认为这种作用反而是一种非效率。Uzzi（1996）认为这种争论的关键点在于是否需要将社会活动在经济行为中的影响展开研究。所以，Uzzi（1997）反对完全经济关系应该保持距离的观点，进一步回答了某些对嵌入理论表示怀疑的观点。传统经济学认为，在经济市场活动中，交易的各个相关者通过纯粹的经济关系建立联系，彼此所获得相关信息是有限的，可能仅限于交易的价格与数量等，但相关者所获得的信息是足够多的，所以他们往往能做出比较有用的决策。Uzzi 观点也获得了大批学者的支持，如 Helper（1990）以汽车行业中的制造商与生产商为例，发现二者的关系紧密程度决定了二者技术与知识共享的程度；Lazerson（1995）和 Larson（1992）认为嵌入理论是企业建立网络体系的关键协调性工具，嵌入理论将促进网络中的技术与知识能相互转移。Romo（1995）和 Dore（1983）对嵌入与生产网络进行联系研究，认为在生产网络嵌入过程中，嵌入联系的相关者可能更关注成本、价格与长久合作关系，并不完全关注其所得。Uzzi（1996）认为这样的嵌入联系可以促进活动相关者之间的经济机会。

进一步地，Uzzi（1997）将嵌入性看成一种交换系统，这种系统促进更多市场机会的形成，同时，问题解决性、信息共享性和彼此信任度构成了嵌入性的三大特征。彼此信任度决定了交易中的一方对另一方信任，体现了对方对自己所付出代价而获得的收益信心；信息共享性是指在进行嵌入的过程中，嵌入各方可以获得自己不具有而他人具有的知识资源；问题解决性是指在嵌入的过程中嵌入各方会共同解决共有的问题，而且问题解决速度较快，灵活性较强，大大降低了解决成本，提高了组织的效率。

继 Uzzi（1997）研究后，嵌入理论逐渐成熟，延伸出了许多的相关理论，如工作嵌入理论（Lee，2004）、生态嵌入理论（Whiteman & Cooper，2000）等。嵌入理论作为战略管理理论、组织理论的一种重要理论，成为理论与实践的前沿。嵌入理论对组织绩效产生了一定的影响，众多学者结合现实需求对嵌入理论进行了大量的实证分析，使得嵌入理论不断成熟（Rowley，2015）。

基于以上分析，本研究从结构性嵌入与关系性嵌入两个维度剖析企业创新网络嵌入的主体特征，并具体划分为网络规模、关系强度和成员异质性三个阶段进行分析，具体如图 2－3 所示。

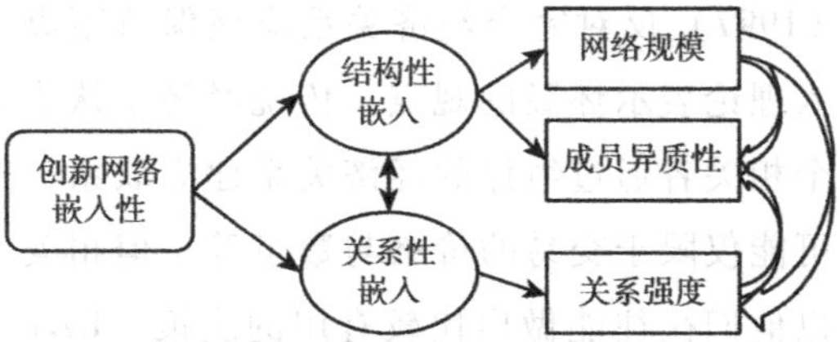

图 2-3 创新网络嵌入维度

2.4 创新生态系统

2.4.1 创新生态系统的内涵

创新生态系统主要是在创新方式不断发展的背景下建立，创新方式的发展大致经历了三个阶段，即封闭式创新（企业内部封闭创新，与外部企业联系较少）——开放式创新（主动从企业外部建立联系，寻求创新源）——嵌入/共生式创新（企业创新行为更加重视资源整合与共生发展）。嵌入/共生式创新体现了创新生态体系的建立，即主动与政府、企业、研发机构等建立关系，形成产学研的创新体系（Carayannis & Campbell，2010）。Fernando 等（2016）提出了一个新的概念——生产消费者(prosumer)，他认为生产消费者构成了创新生态系统的关键环节，这些环节构成了一大批社区，如科学社区、利益相关者社区等，促使创新系统向更加有机的生态方向发展（Fernando，2013）。

Dedehayi 和 José（2016）认为创新生态系统由创新群落和与之对应的创新环境所构成，通过中间的信息、能源与物质的流动与转换，形成开放演化、协同发展的复杂系统。所以，我们可以简单地将创新生态系统理解为基于物质流、信息流和能源流的转移实现系统内部各物种之间、群落之间与环境之间的多层信息转变，促进生态系统的高效发展。Dedehayi 和 José（2016）指出了物质流、信息流与能源流的具体包含内容：物质流包括人力资本、实物资本等；能源流包括：知识资本、金融资本等；信息流包括政策、市场信息等。其中能源流的发展对生态系统的运行与演化发挥着重要作用，即促进企业内部的技术与信息在创新过程中的转化作用（Rich，2011）。

创新生态系统对于促进核心企业与非核心企业的合作具有关键作用，将促进产业中的多个相关创新成果成为企业间协调的解决机制（Adner，2006）。另外，埃斯特琳（2010）指出，研究、开发与实践运用构成了创新生态系统的三大部群（或称之为群落）。具体而言，研究部群对新知识与观念进行探索。开发部群能够促进产品与服务的形成，构成生产的最初原型。实践应用部群将促进企业技术散布至企业外部，促进企业间的技术交流与共享。所以，研究、开发与实践运用三大部群能促进企业与外界组织建立较为紧密的合作联系，推动企业打破组织边界，融入产业链、创新链和社会价值链之中，进而从根本上促进企业创新能力的形成。

赵放和曾国屏（2014）在创新系统理论的基础上，有选择性地在创新生态系统研究中融入了生态学的思想，他们将研究从“主体间的依赖性”延伸至“创新主体与外部环境之间的协同作用”，以此来分析企业的创新发展与创新系统的系统性。根据现有研究，我们认为创新主体与创新环境对于组织的研究，可以进一步归纳为“中心——外围”的结构分析框架，从比较微观的角度考量个体行为对研究创新行为，具有一定的前沿性。企业创新系统往往因为在初期的创新新颖性比较低，需要构建可以促进创新孕育与发展的保护空间。基于此，本研究认为微观创新生态系统对于企业创新发展具有一定的促进作用，将成为企业间进行创新学习、构建合适创新合作网络的重要方式，以此为企业自主创新的发展奠定重要基础。中观创新生态系统处于微观创新生态系统与宏观创新生态系统之间，是连接微观创新生态系统与宏观生态系统的重要桥梁，它的特殊性在于它作为一种社会空间为创新群落的形成奠定基础。然而，从更加深层意义的角度来看，中观创新生态系统也是一个集合，它包含了相关的社会技术、社会认知甚至社会行为规范等（Geels，2005），如 Web 2.0 体系由 wiki 和 blog 等更具体的创新组成；中观行为包括了企业对创新体系的选择、利用与依赖等（库尔特，2011），在一定阶段保持着相对稳定性。宏观创新生态系统范围较广，体现了企业处于社会背景下的经济行为与关系。

创新生态系统是一种多层次系统，在对其进行自上而下分解和自下而上汇总的分析过程中，需要仔细考虑不同层次创新主体的相互作用与效益。否则，对于创新生态系统的研究将忽视创新影响因素对于各种创新生态层次的独特性，仅仅停留在对解释变量的数量延伸与指标优化上。基于此，多层级的创新生态系统研究将包含了创新理论的所有内容，如创新动因、过程、结构以及相互影响等。相互影响的研究可以对其具体作用路径、作用形式和作用效果等进行研究，以此深刻全面地把握创新生态系统的全过程。

综上所述，创新生态系统通过一定的作用机制、影响因素，实现对创新主体与相关环境的联系，这种相互联系促进了资源与能力在企业间的快速有效地流动。在创新系统内部，创新主体与其他主体基于共同发展目标不断进行合作与资源互换，不断推动着创新生态系统向网络演变。

2.4.2 创新生态系统的特征

李万等（2014）将创新生态系统的主要特征归纳为以下三种：第一，多样性共生，这意味着在该系统内，创新主体与创新外界组织环境不断进行相关交流，允许企业可以在这一过程中试错，要求企业能够吸引更多的创新主体与之建立长久的合作关系；第二，竞争性合作共生，这是指系统内部的组织除了进行合作，还存在一定的竞争关系，以保证彼此能对照发展，保持一种竞争协同促进的多样性发展特征；第三，自组织演化，这表示市场在整个经济活动中发挥着决定性的作用，促进创新资源与知识的优化配置，进而推动创新系统的良性发展。

颜永才（2013）认为创新生态系统的特点主要有以下两种。第一种是创新生态位分离，创新生态位建立了特定的区域，在该区域范围内创新主体实现对创新资源的获取、利用和对创新环境的适应。第二种是系统边界的模糊性，创新生态系统具有一定的边界模糊性，具体包括两点：一是一个创新生态系统可以划分为多个小的生态系统，多个生态系统共同构成了比较复杂的创新体系，也模糊了创新系统的边界；二是一个创新主体很有可能同时存在于多个创新生态系统之中，这将很难具体辨析创新主体的具体归属，同时根据环境变化，创新主体存在进入与退出的可能性，很难长久固定，也模糊了创新生态系统的边界。

创新生态系统作为一种相对较复杂的系统，基于内部的协调发展与深层次的相互合作，推动着创新生态系统本身不断进化发展。创新生态系统具有成员多样性，其作用具体体现在三个方面：一是创新成员的多样性有助于企业具有足够的时间与能力应对不断变化的外部环境；二是创新成员的多样性能提供多样的资源，有助于提升创新生态系统的价值性；三是创新成员的多样性有助于创新生态系统自身实现独立。

创新生态系统的根本目标可以概括为：基于企业创新长久良性发展的宏观目标，不断形成具有推动力的创新来源，企业通过适当的创新管理，实现企业向系统内部的核心地位转移，以此获取创新发展所需的资源与能力，进而以创新推动企业的快速高效发展。

2.4.3 创新生态系统中的资源整合

本研究旨在借助创新生态系统的相关理论实现对创新网络研究的清晰化，以此丰富创新网络理论。类似于自然生态系统，创新生态系统存在大企业与小企业合作与竞争的现象（West，2008）。处于技术与市场环境不断变化的时代背景下，小企业通常具有较大的创新实现空间，它们为了快速进入市场需要形成创新优势；大企业为了维持在市场中的竞争优势，往往不断利用开放式创新实现对创新过程的实现，以及利用外部创新资源实现创新能力的快速提升（West，2008）。Zahra 和 Nambisan（2011）提出创新生态系统需要处理好依赖性和独立性的关系，尽量使其保持较好的平衡，依赖性将促进中小企业在生态系统中获取发展所需的资源与机会；独立性使得创新系统中的企业能在危机产生时有能力快速解决。

颜永才（2013）进一步提出，构建创新生态系统在于破解当前创新环境下三大难题，第一是由于创新生态系统内部的不确定性导致互换技术的不确定性；第二是创新生态系统是一个构建的过程，使得组织的创新能力与资源获取是有限的；第三是创新生态系统内部存在一定的创新资源稀缺性。这三大问题推动着企业思考如何利用外部资源，进行整合利用以形成自己的技术，实现创新能力的发展。

2.5 资源整合

2.5.1 资源整合的内涵

资源基础观（resource－based view）认为，如果公司拥有宝贵、稀缺、非模仿和不可替代的资源，公司就有可能获得可持续的竞争优势（Barney，1991）。在资源基础观的基础上，学者们形成了开放式创新的认识，一度成为近十年来较为前沿的创新范式之一。Chesbrough（2003）是最早提出开放式创新的学者，他认为企业在进行创新活动时最关键的是能与外部组织建立比较长远的联系，以便组织在合作的过程中，有效地整合组织内外部的创新资源与能力（董保宝等，2011；李飞等，2019），进而提高企业在创新方面的效率（Chesbrough et al.，2010；厉伟等，2016），这是开放式创新的核心思想。开放式创新绝大部分是对已知或者即将形成的资源进行内部整合与利用，在这一手段下，企业可以形成对创新绩效的提前预估，以便把握整体的整合方向。所以，开放式创新不仅能够帮助企业挖掘内部自有的知识与能力，还可以帮助企业探索外部已有而自身不具备的最新资源与能力，通过内部探索与外部合作的方式，发现技术的新用途，拓宽技术的适用性（March，1991）。Atuahene（2007）认为，处于不断恶化竞争的行业环境中，企业尤其是后发企业需要关注内外部资源，吸收最好的资源以求不断更新进步，实现长远发展。

马迎贤（2005）认为，企业的发展与外部环境是密不可分的，有赖于对外部资源的利用，企业可以通过与外部组织资源的交换满足自身发展的需求。在这一过程，资源将实现较大程度的流动，一般来说，外部环境拥有组织所需要的某些关键性资源与能力，对外部环境的依赖性，将会促使组织拥有这些关键性资源，推动了组织学会对外部资源与能力进行适当的识别、利用与整合等（曾萍和李熙，2014）。在此基础上，学者们形成了对资源整合的理解。具体而言，资源整合是指来自不同来源、层次、结构和内容的资源的识别、选择、获取、分配、激活和有机整合，重塑原有资源，并形成新的资源系统的过程（Brush，2001；汪秀婷和程斌武，2014）。Ravasi 和 Verona（2001）认为，企业与外部组织的关系亲密度在一定程度上决定了企业内部资源整合的效率与效果，甚至关系到对组织内外部资源的识别、获取与开发等关键性问题（Ravasi & Verona，2001）。高祯华（2006）选择从战略与战术的角度对资源整合概念进行了具体研究，主张对资源整合的研究从宏观与微观的角度进行深层次分析。在宏观层次方面，高祯华（2006）认为资源整合涉及企业本身与企业外部相关组织两大主体，企业通过对组织资源的协调发展与外部组织资源的利用，实现对资源利用的放大效果；微观层次，资源整合具体涉及企业所涉足的市场需求，要求根据市场需求变化，对资源进行合理的分配与整合，以便企业在经济活动中找到客户需求与资源整合匹配的最佳位置，形成企业的关键竞争能力。由此，我们认为资源整合是一个设计顶层与基层、内部与外部的学习创新过程，这个过程是连续且不断发展的。

2.5.2 资源整合的作用

基于上述分析，可以发现，资源整合对于企业创新能力的形成具有关键作用（付丙海等，2015；王凯等，2018）。资源整合的作用大致分为两个方面：第一，发现自身发展的不足或者发现原有知识的新用途；第二，提高企业对新技术识别与开发的潜在动力（李恒毅和宋娟，2014）。

资源整合要求企业能保持开放的态度，积极与外部组织进行技术创新的合作。Fritsch 和 Slavtchev（2007）认为一个企业研发效率的提升与外部大学或者研发机构的合作是离不开的，这些外部组织或机构在促进企业创新能力与专利成果转化利用的效率方面发挥着关键的作用（Zerni et al.，2010）。在资源整合的作用下，企业与外部组织的合作能够实现对资源的共享与协调发展，为企业发展带来多样的资源与能力，促进企业内部创新能力提升，为企业长久发展奠定基础。企业外部组织除了合作者之外，还包括同行竞争者，他们的存在也能提升企业的创新能力，有利于促进企业与外部竞争者共同思考面对技术难题，形成良性竞争，找寻适合自身发展的创新点（Tether，2002）。同时，政府在企业创新能力提升中也会发挥重要的作用，在资源整合的过程中，政府根据自身的全局性，可以帮助企业提供相关的信息、资金以及政策扶持，为企业带来行业最新发展动向，增强企业的创新能力与动力。另外，在企业创新生态系统中中介咨询机构也发挥着关键的作用，这些机构最大的特点在于它们拥有最新的知识信息，以更加专业的信息整合能力，帮助企业获取创新能源，产生关键创新思路，促进企业技术创新能力的提升（解学梅，2010）。因此，它们对于新创企业的资源整合非常重要。

Dyer 等（2001）认为企业关键资源的整合会打破企业的边界，使企业不再局限于界线，而将关系到企业与企业间的惯例等问题。Gulati（1999）提出了一种网络资源，这一资源由许多的资源交叉形成，对于外部组织来说是不可模仿的，具有一定的独特性。

结合现有研究现状，大部分研究选择以大小的标准来判断企业进行资源整合的效果。资源整合的能力将会促进网络内外的资源实现一系列活动，比如识别、择选、利用、整合等程序，这是一种动态变化的过程。

2.5.3 资源整合的过程

Sirmon 等（2007）认为资源整合是一个组织获取所需资源，并将其转化为创新能力的过程。一般来说，资源整合需要组织选择、提取、配置、激活和集成不同来源、不同级别、不同结构和不同内容的资源，从而重构原始资源系统以形成新的核心资源系统的过程；Amit 和 Schoemakerl 等（1993）提出企业可以通过资源识别、获取与利用三大途径实现资源整合的全过程。

诸多学者对资源整合的过程展开了研究，并提出了自己的观点。Brush（2001）认为资源整合的过程包括了资源识别、吸收和转化与利用的过程，这一过程将实现持续竞争优势的获得（陆亚东和孙金云，2014），从而有效整合企业资源，提升企业绩效（程松松等，2019）。Ge 和 Dong（2009）以及马鸿佳等（2010）基于企业自身的发展，识别出了企业资源整合的内部行为与外部行为，并提出资源整合的过程包括资源识取（resources identification and acquisition）和资源配用（resources allocation and leverage）两大过程。其中资源识取可以理解为资源识别与资源获取两大部分，需要从外部进行，属于企业的外部行为。而资源配用可以理解为资源配置和资源利用两大部分，在企业内部进行，属于企业的内部行为。饶扬德（2006）将资源整合过程划分为资源抉择、资源获取与分配和资源融合利用三大部分。蔡莉和尹苗苗（2009）认为企业在获取发展所必需的资源后，通过资源协调手段，实现对资源的有效利用，进而借助资源整合提升企业能力，尤其是创新能力。另外，资源整合的外在表现为企业竞争能力的提升。

Hitt 等（2001）认为资源整合是企业对不同层次、来源和内容的资源进行选择与利用的一系列过程，这种过程比较复杂，需要企业具备一定能力。企业进行资源整合可以帮助企业获取具有价值性的关键资源，剥离无用资源，构建属于自己的核心资源。

资源识别和选择是指企业根据现有资源特征对所需外部资源进行深入评估的过程，从而明确企业发展所需的资源（易朝辉，2010）。这是整个资源整合过程的起点，影响资源整合的成败和资源利用的效率，理清企业所需资源的彼此联系是这一步骤的关键，以便对企业的资源价值链进行整合与利用。作为资源整合的前提条件，资源识别与选择开启了企业对资源的认识，企业应该首先对企业的资源进行考虑，理清所需与所缺的资源，以保证资源整合这一步骤的有效进行（蔡莉等，2011）。

Brush 和 Artz（1999）认为在资源识别与选择之后，便是对资源的获取，企业在这一过程中，以较低价格获取各个渠道内部的资源。董保宝等（2011）认为资源整合过程中最为关键的步骤在于资源获取，是企业获得发展所必需的关键资源以提升企业创新能力的重要因素之一。企业在获取资源的过程中应该以企业的内部资源为基础，在对内部资源整合的基础上，首先形成独特的内部资源；然后再考虑对外部资源的获取，以保证企业资源获取的有序性。

获取相关资源之后便需对资源进行配置，这要求企业对各类资源进行配置，以最大效度地保证创新过程中对资源实现互补协同发展，进而构成在资源配置上的竞争能力（Barney，1991）。我们可以将资源配置看为整个资源整合过程的核心步骤，因为它关系到资源整合能力的作用与影响力究竟有多大，也是联系资源获取与资源利用的关键步骤（马鸿佳等，2011）。

2.6 本章小结

网络创新理论特别是网络嵌入理论与资源整合理论是本课题的理论基础，网络嵌入、创新生态系统、创新网络是本研究主要涉及的理论概念。所以，本章重点对全球制造网络、企业创新网络、网络嵌入理论、资源整合理论、创新生态系统理论进行了综述。

越来越激烈的市场竞争让现代企业很难在企业内部取得创新所需要的完整资源，更加难以把创新活动价值链全部纳入企业的内部中来，所以大部分的企业都会选择与不同的外部组织以合作的方式来获取资源。企业创新网络利用比较稳定的合作机制来规避高昂的市场交易费用，从而缩减组织成本，这是企业应对市场环境快速变化条件下企业创新问题的最佳模式之一。在企业间建立网络联系既是管理理论研究的重点，更是企业创新实践的关键行为。为了促进创新网络的发展，国内外学者选择从不同的视角对其进行了不同层次的研究，尤其是嵌入理论比较好地解释了创新网络的过程、影响因素等问题，目前逐渐成为研究创新网络的最受欢迎的研究视角，并取得了较为成熟的研究成果，逐渐成为管理研究领域的一大关键研究工具。不能否认的是，虽然目前的研究对创新网络嵌入的结构与关系进行了较为充分的研究，并就其在企业绩效中的作用达成了某些共识，但嵌入机制究竟是怎样影响企业创新网络形成与演变的，学者们似乎有意避开了这一问题。本章回顾了关于企业创新网络的研究，在关于企业创新网络机制的研究基础上，认为网络租金的诱导机制和结构洞的驱动机制加速了创新网络的生成，而创新网络的演化遵循着“不稳定—次混沌—混沌—稳定”的回路模型。从网络租金的角度观察，我们可以将创新网络的演化进程分为组建、成长、成熟、更替四个阶段。

本章还对创新生态系统的研究进行了回顾，并就创新生态系统内部要素及其相互关系进行了一定的分析。通过对上述理论的分析与回顾，本研究的主要理论基础已较为清晰，本研究通过案例分析，实现理论与实践的对话，检验创新网络嵌入的影响因素、创新主体、嵌入路径等问题，为相关理论与实践的发展提供相应的对策建议，体现本研究的价值。

3 研究设计

3.1 研究方法

为了全面、系统地分析我国制造企业创新网络嵌入路径问题，本研究将采用多种研究方法，以案例研究方法作为主要研究方法，通过案例对比分析，总结全球制造中企业创新网络嵌入路径；运用文献分析法对全球制造网络、企业创新网络、网络嵌入等理论进行系统梳理；运用问卷调查法分析全球制造及全球创新网络现状；运用社会网络分析法分析全球制造中产品标准化和个性化主导的企业创新网络嵌入路径，增强研究结论的可信度。

（1）案例研究法

基于研究的需要，本研究着重采用了案例研究方法，主要从以下方面考虑：本研究探索了全球制造背景下我国制造企业创新网络该怎样构建以及为何要构建的问题，属于“how”和“why”的研究问题，适合采用案例研究方法。本研究立足于中国本土的特殊管理情境，严格遵循标准的案例研究步骤，以剖析我国企业构建与维护创新网络的全过程，并在此基础上对企业创新网络理论进行总结与提炼，完善相关理论。案例研究是基于特殊情境下对现象进行考察与分析的定性研究方法（Yin，2003），可以具体对案例对象表现出的现象进行“是什么”“为什么”等问题的考量，具体分析该现象相关事实的产生机制及因果关系（苏敬勤和崔淼，2011），以此探明与抓住隐藏在现象背后的特殊规律（欧阳桃花，2004）。所以，案例研究与所研究的情境是密不可分的，其分析单元是所研究的案例现象

(Lee, 1999)，且主要适用于那些与情境交融的现象（Yin, 2014），以达到从有趣、有价值的现象中形成理论新的认知（陈晓萍等，2008），其重要意义在于基于实践的深入剖析来发展管理理论（潘善琳和崔丽丽，2016），增强人们对特定理论的认识并推动其将理论有效指导实践（塔雷诺等，2015）。同时，案例研究也有较大的自主性，可根据所研究的主题选用合理的案例数量，因此案例研究方法也可分为单案例研究方法和多案例研究方法。

本研究借鉴 Pan 和 Tan（2011）的案例研究方法，综合运用“结构化、实用化、情境化”的 SPS（Structured-Pragmatic-Situational）案例研究方法（Pan & Tan, 2011）布局研究。具体而言，本研究首先选择我国制造领域的四个典型企业作为案例研究对象，基于所有公开渠道全方位地收集、整理与分析案例企业数据资料，按照理论与实践相结合的程序，系统解剖我国制造企业“如何”嵌入对应创新网络以及“为什么”有效的创新网络能够保证制造企业长久可持续发展的关键性问题。另外，为提升研究的科学性和普适性，本研究同步运用了案例比较分析方法，对比分析对我国制造企业创新网络嵌入典型案例并找出其存在的共性与差异，找到合适制造企业创新网络构建的普适路径，为未来中国企业创新网络的更好发展提供合理有效的建议与对策。

（2）文献分析法

在确定研究主要理论之后，本研究对主要理论进行搜索、整理与分析，便于全面系统地分析国内外对相关理论的最新研究状况，找到理论创新点。基于研究的需要，本研究从全球化发展过程、全球制造状况两个方面对全球化的发展进行了文献梳理，从演化路径、主体特征、影响因素等角度梳理企业创新网络的发展状况。另外，本研究注重文献搜索过程的严谨性，强调以重点聚焦与一般搜索相结合的方式进行文献查找，要求从多种文献数据库中找到最新的研究成果，包括外文数据库与中文数据库，其中外文数据库包括 EBSCO，Elsevier Science direct，Emerald 等，中文数据库包括国家图书馆、中国 CNKI 知网、万方数据库、维普数据库等。同时，在对主要理论进行分析时，本研究强调对理论进行全面分析，从理论产生、发展过程以及未来趋势进行全面梳理分析，尤其突出实践与理论的结合度，通过对案例对象实践的深入分析，逐步完善本研究的分析思路与研究框架，进一步凸显理论创新的价值性。

（3）问卷调查法

本研究同步采用了问卷调查法。主要从以下方面考虑：本研究需探索全球制造背景下我国制造企业创新网络该怎样构建的问题，并基于对上述问题中所提的全球制造以及全球制造中的企业创新网络现状的深入理解，分析趋势特征与现存问题，再提出针对性的对策建议。本研究问题较为复杂，且现状分析十分强调普适性、即时性与科学性，故适合采用问卷调查法。问卷调查法由英国的高尔顿于1882年创立，是目前最常用的社会调查方法之一（Moser & Kalton，2017）。问卷调查法是按照标准化的程序，以各类问卷为工具向与研究问题相关人员直接收集资料的调查方法。本质上，问卷调查法是一种实证方法，适用于研究规模较广、涉及资料较多的定量研究，其主要包括抽样、问卷与统计分析三个部分，分别实现明确调查对象、进行变量测量和资料收集、使来源于样本的大量资料反映总体趋势这三个目标。现代社会的发展与变迁增强了社会的异质性程度，社会生活现象随之愈加复杂，传统以观察和方法为主要手段的定性分析方法难以辅助人们有效地认识社会现象，问卷调查法的产生和广泛应用则有效弥补了这一不足。此外，计算机技术的发展、统计指标的建立以及多元统计分析方法的完善也使得问卷调查法能更快捷、更科学地进行资料的收集、整理与分析（风笑天，1994），并相对精确地认识社会现象的规律性。

本研究严格按照问卷调查法的标准程序，通过向社会从业者（包括制造企业从业者和非制造企业从业者）同时发放纸质问卷与网络问卷，后期回收问卷并进行数据统计分析的路径从微观层面了解全球制造中我国制造企业创新网络嵌入的现状，并进一步验证宏观层面呈现的趋势与问题。

（4）社会网络分析法

社会网络分析方法（quadratic assignment procedure）旨在通过对网络中的主体关系分析，着重探明网络中各主体的属性以及结构等特性，包括网络中的个体属性及网络整体属性，尤其适合分析网络的结构特征，这种方法有一套特有的分析体系，可以通过UCINET6软件实现对定性数据定量化分析。创新网络属于社会网络中的一种特殊类型，因此本课题借助社会网络分析方法，着重分析企业创新网络嵌入过程中的网络密度与网络规模等结构特征。

3.2 研究情境和对象

3.2.1 研究情境

由“中国制造”向“中国创造”转型，是我国创新发展战略的重要组成部分。我国制造业自改革开放以来获得快速发展，形成了相对比较齐全完整的产业体系，为推动国家现代化建设和增强综合竞争能力做出了杰出的贡献。但不可忽略的是，相较于全球制造顶尖水平，我国制造业整体能力仍然处于中低水平，大而不强的事实使得我国制造企业在资源利用效率、创新研发水平以及产品质量效率方面存在较大的发展空间，促进我国制造企业转型升级和跨越发展成为国家、行业与企业自身的关键阶段性任务。借鉴海外发达国家制造业成功转型的经验教训，是我国制造企业转型升级的便捷路径，但不是唯一路径，毕竟海外企业具有其独特性。我国制造企业与海外企业在所处政治、经济、社会、技术与文化环境上有较大差异，因此我国制造企业需根据实际情况谋求适合自身发展的转型路径。

“新常态”已成为全球经济增长的主要特征，全球制造业增速放缓，亟须寻找新的增长点。在政府的引导下，我国企业从小处着手，将激活中小企业的竞争能力作为促进我国制造业整体转型升级的一个重要环节。目前我国制造业中小企业普遍缺乏自主创新动力和能力，由于创新知识产权开发与保护意识不强、行业发展路径倾斜、竞争环境激烈等主客观原因，存在创新人才储备少、流动性大、技术知识积累不足等明显问题（卢彬彬，2016）。

自20世纪90年代初以来，我国沿海地区在改革开放政策的影响下，获取了大量海外跨国公司的投资、生产转移，迅速发展了劳动密集型、低附加值的加工贸易制造产业，但单纯的OEM生产方式将很难长期产生可观的经济效益，更无法获得长久发展的可能性。中国企业应通过“加工中学”逐步从代工（OEM）过渡到原始设计制造（ODM），最后实现自主品牌制造（OBM），以提升可持续国际竞争力（侯仕军，2013）。

全球制造企业发展的产业结构、阶段特征以及产业特征等决定了我国企业竞争能力的状况。我国全球制造企业基于自身技术路线和制造能力的需求，积极扩展企业外部产业链，寻求互补性资源，提升企业在全球价值链中的主导地位和竞争优势。近年来，我国越来越多的制造企业成功嵌入全球制造网络之中并扮演着主要角色，逐步享受到全球化、信息化带来的规模经济红利，推动国内大部分产业进入高速增长阶段，实现大规模扩张与转型。随着中国综合国力的提升，中国制造企业正在走出国门，以美的、华为、阿里为首的大批中国优秀企业，锐意创新，不断提升产品和服务质量，积极开拓海外市场，重新定义中国企业形象，撕去了此前中国品牌身上廉价、质量差的标签。核心优势企业以及全球跨国公司构成了全球制造网络的核心成员，它们掌握着网络中的大部分关键资源，也决定着网络策略。所以，积极向网络中的核心企业和跨国企业靠拢是我国全球制造企业需确立的方向。

在全球化企业中，质量是产品在市场中保持竞争力和生命力的基础，中国企业正在打造具有“中国工匠精神型”企业，保障产品质量，打造优质品牌，提高信誉度。中国海尔集团是全球布局的制造企业，其通过无氟节能的绿色优质产品打开国际市场大门，以“不断创新、优质服务”的理念在国际市场上快速崛起，至今仍不断进行技术创新、制度创新、管理创新，为中国制造企业走出国门、走向世界树立了榜样。

全球市场的形成与确立为促进金融、贸易、投资等在世界范围内快速发展，促进各生产要素在全球市场间流动，为发展中国家积极参与国际分工，实现自身产业发展与国际产业转移与重组的对接，建立竞争优势，发展本国经济提供了历史性机遇（Gonzalezvicente，2018）。中国制造业正积极融入超级跨国公司的产业链中，对接层级更高、发展更高的平台。目前，中国已发展成为全球制造业基地，有“世界工厂”之称。然而，我国大多数制造企业仍在从事劳动密集型的加工组装活动，与西方发达国家的制造企业相比，处于价值链的边缘位置，蕴含的经济附加值极低。

基于自身在行业中的话语权和相关资源积累，我国制造企业可以从以下几个方面发力：第一，把握全球制造网络正在向发展中国家延伸发展的历史机遇，融入尽可能多的全球制造网络，积极参与其中的分工合作，并努力建设与国外优质制造商的关系，争做最有“存在感”的参与者；第二，当自身实力达到一定程度时，以自己为核心制定与实施全球制造战略，构建专属全球制造网络，在世界范围内配置资源，整合资源与能力（彭新敏等，2016）。

为推进“中国制造”企业向“中国创造”企业转型，需坚持以下三点：第一，继续深化市场经济体制改革，提升“看得见的手”配置资源的有效性；第二，深入推进国有企业改革，营造良好的市场发展环境，鼓励企业不断加大技术创新投入力度，在形成技术优势的基础上，创造产品价值；第三，加快建立科学合理的治理结构，使股东、外部投资者之间的有效制衡能够起到积极作用，管理层能够得到有效的激励，推动企业真正成为市场主体，在自主创新中发挥重要作用（舒谦和陈治亚，2013）。

3.2.2 研究对象

案例研究对象的选择是案例研究中重要的环节（Eisenhardt，1989）。本研究主体为全球制造型企业，为了具体化案例研究对象，本研究将全球制造型企业划分为产品标准化企业与产品个性化企业，为了更好地进行研究与分析，进而将产品标准化企业与产品个性化企业分为核心企业与非核心企业两个维度。进一步地，本研究选取国内典型制造企业（如汽车企业、家具企业、玩具企业等）作为研究对象，原因在于以下三个方面：第一，这些典型企业在国内经历了较长时间的发展，具有一定的发展特性，便于对其发展历程进行深度分析；第二，基于较长时间的发展历程，这些企业具有一定的发展经验，可以为其他企业的发展提供借鉴；第三，这些企业比较合适本研究的研究主题。由于这些企业在不同成长阶段企业创新活动与战略存在一定的差异性，势必存在某些发展特性，便于研究企业创新网络嵌入的演化。

除此之外，为了更好地深入分析研究主题，本研究选取汽车制造行业、文具制造行业和家具制造行业中具有一定影响力的江铃集团和奇瑞集团（汽车制造企业）、广博集团（文具制造企业）和欧琳集团（家具制造企业）四家企业作为研究对象，并把江铃汽车与奇瑞汽车纳入产品标准化企业中，将广博集团与欧琳集团纳入产品个性化企业中，在此基础上，将江铃汽车与广博视为核心企业，将奇瑞汽车与欧琳视为非核心企业，重点探讨四家企业创新网络的构建与演化过程，从横向与纵向的角度对我国制造型企业创新网络嵌入进行更深入地研究。另外，数据可得性、案例典型性以及案例可对比性也是本研究选择这几家企业作为研究对象的重要原因。数据可得性是指企业愿意提供某些内部数据，或者数据获取渠道比较便利。案例典型性则是指案例企业在行业中具有一定的地位，发展特征在一定程度上能够代表行业整体特性。案例可对比性是指每个案例之间存在一定的差异性与共同性，通过对比便于发现其中的规律。

根据以上标准，本研究选择江铃汽车、奇瑞汽车、广博和欧琳为研究样本，四家典型案例企业具体情况如表 3－1 所示。

表 3－1　　案例企业选择标准

<table>
<tr><td rowspan="3">选择标准</td><td colspan="2">产品标准化企业</td><td colspan="2">产品个性化企业</td></tr>
<tr><td>核心企业</td><td>非核心企业</td><td>核心企业</td><td>非核心企业</td></tr>
<tr><td>江铃集团</td><td>奇瑞集团</td><td>广博集团</td><td>欧琳集团</td></tr>
<tr><td>典型性</td><td colspan="2">江铃集团由 1968 年成立的江西汽车制造厂发展而来，是一家以商用车为核心竞争力、实力强劲的中国汽车企业，多年来一直被评为中国 100 家上市公司之一。江铃集团占地 2000 亩小蓝 30 万辆新整车基地已投产，新建整车研发中心，新建冲压、焊接、喷漆、总装等生产线，柔性化程度、自动化程度达到全球领先水平，产品按世界范围内顶级乘用车的品质标准规划生产。江铃集团建立了国家认定技术中心，架构了先进的全球数字化设计平台，与福特全球同步开发、设计、发布新产品，被公认为国家高新技术企业。
奇瑞集团秉持“自主创新，打造自主品牌”的理念，打造了一批家喻户晓的品牌车系，如 QQ、风云、瑞虎、艾瑞泽、东方之子等，产品远销国外，奇瑞品牌在全球范围内都具有一定的知名度。2015 年，奇瑞集团出口汽车 6.7 万辆，出口总量占据中国乘用车企业榜首。</td><td colspan="2">广博集团成立于 1992 年，是国内第一家文具 A 股上市企业（002103），拥有 14 家控股子公司，在洛杉矶、香港设有海外分公司，在国内拥有 30 多家营销分支机构，产品销往世界 100 多个国家和地区，成为国内最大的文具一体化供应商和最具竞争力的办公文化产业，坐拥 30 亿元的总资产。
欧琳集团自 1994 年筹建以来，一直致力于将欧式、高端的入厨理念引入国内。产品线囊括高端橱柜、集成灶、衣柜、浴室柜，智能厨电、精工水槽、水槽净洗机、水槽洗碗机等，是厨房整体解决方案的提供者和健康时尚生活方式的倡导者。欧琳集团已为全球 1200 多万户用户带来更为尊贵的时尚、快乐生活体验，营销网络遍及美国、加拿大、澳大利亚、丹麦、俄罗斯、中东等 70 多个国家和地区，在国内设有 1000 余个销售网点。</td></tr>
</table>

续表

选择标准	产品标准化企业		产品个性化企业	
	核心企业	非核心企业	核心企业	非核心企业
	江铃集团	奇瑞集团	广博集团	欧琳集团
可比性	江铃集团通过引进外资，与美国福特汽车结成战略伙伴，引进世界最前沿的产品技术、制造工艺和管理理念，长期的国际合作使其得到了快速发展。目前，江铃汽车已建立了一套采购、研发、销售、物流、产品服务等均符合国际规范的机制，也是其成为中国企业与外资投资企业合作成功的典型范例。 在国际化的进程中，奇瑞集团通过十年的发展，从零到一百万辆的突破，借助自主创新打造自主品牌。一方面立足国内市场，完善企业研发体系，提升企业制造能力；另一方面坚持开放创新，打造自主国际品牌，积极与巴西、委内瑞拉、阿根廷等国家和地区开展国际合作，创新合作方式，提升自身全球竞争实力。		广博集团制定实施了国际化的战略，从2007与三星集团合作开始，目前广博济源已与众多的国际性大企业建立合作关系，同时，将市场延伸到全球，形成全球化的研发网点与销售体系，成为中国企业进入国际市场的典型示范。 欧琳集团从成立的时候就树立“开眼看世界”的理念，积极引进、消化和吸收国际先进厨房家具制造技术，引起国内厨房的大变革。欧琳集团办在发展过程中，注重于研发机构的合作，并形成了围绕自身的研发中心和研究院等，同时，与国际顶尖技术进行对话，促进企业技术创新能力的提升。	
数据可获性	江铃集团与奇瑞集团两家企业创新发展模式均已经得到市场的认可。在我国汽车市场中，江铃汽车首先建立了符合自身发展的现代营销体系，即销售、配件、服务、信息“四位一体”的营销网络模式，强大的营销网络遍布全国。此外，江铃集团还通过网络形式拓展海外分销，海外销量快速增长，是中国轻型柴油商用车辆的领先出口商。奇瑞集团从发展的早期阶段就将注意力集中在国际和国内市场，公司积极实施“走出去”发展战略，是中国第一个将整车、发动机、CKD散件以及整车制造技术和装备出口到国外的汽车公司。因此，两家企业可提供的数据较为完整。		经过多年的发展，广博与欧琳集团分别成为各自行业的领先者，不断受到行业其他企业的效仿。一方面，两者的发展过程具有企业发展的典型性，其发展理念能够为其他企业带来一定的启发性，在某种程度上，处于移动互联网背景下，作为具有一定影响力的企业，其发展的一些数据能较为容易获得；另一方面，作为带领行业前进的企业，广博与欧琳集团愿意与行业企业分享发展经验，因此，两家企业可以提供较为精准与完整的数据。	

3.3 数据收集

本研究参照Pan和Tan（2011）的案例研究步骤，严格遵循“明确研究问题→理论回顾→案例研究草案设计→数据收集→数据分析”的案例研究流程，加强理论与数据对话，反复对焦，多次循环，以达到理论确信点与理论饱和点的要求，实现案例现象概念化，寻求理论最佳点。

在文献回顾阶段，本研究初步确定了嵌入理论、企业创新网络、全球制造网络等为本研究的主要理论，进而对主要理论进行搜索、整理与分析，深刻把握理论的主要观点以及未来发展趋势，在此基础上初步明确本研究的研究主题，为构建研究的分析框架奠定基础。在研究设计阶段，本研究进行了案例调研提纲与数据获取清单设计的工作，以保证研究下一步工作顺利开展，也初步尝试构建案例研究模型。在数据收集阶段，本研究从两方面进行了数据分析：一方面，从案例企业的官网、新闻报道、中文数据库等渠道收集网上数据；另一方面，根据事先确定的调研提纲与数据获取清单，研究团队深入企业进行现场调查，同时以微信、邮件等通讯方式保持与公司内部人员的联系以便及时获取与研究主题相关的最新数据，补充研究数据，以保证本研究数据的可靠性。

3.4 数据分析

本研究通过多渠道收集数据，以实现案例数据的三角验证，进而筛选出真实的数据，具体来说，分为三步。第一，认真研读案例数据，研究团队内部对案例数据进行校核；第二，将收集到的案例数据资料进行对比分析，在确认无误后将整理好的案例数据发给企业中高层领导、基层员工等进行核对，保证案例研究数据的有效性；第三，基于研究主题和研究理论，将案例数据与研究理论模型进行对照分析，在对案例数据进行准确性校准的基础上，进一步加强案例数据与理论分析模型的深度对话，不断修改完善研究的理论模型，以保障案例研究结论的一致性。

本研究在信度和效度策略的保障上如表 3 - 2 所示（Yin，2003）。第一，构念效度。为了保证研究构念的可操作性，本研究运用了多种方法策略，比如，采用了访谈 + 二手数据采集（企业网址、媒体报道等）的数据来源，以保证数据的真实性。第二，内部效度。本研究前期通过严谨的理论研究，构建了适合本研究的理论框架，并剖析理论模式与数据间的匹配度。第三，外部效度。为了达到本研究的研究目的，本研究选取精神、关系嵌入、知识创造等理论作为本研究的指导理论，加强理论与实践、国内理论现状与国外理论现状的对话，以便通过案例分析总结归纳出适合中国制造企业创新发展的一般路径。第四，信度。为了对数据资料多次分析，反复对比，本研究采取现场录音，后期还原录音，并结合二手数据，形成一定的数据支撑，为案例分析提供充分的数据支撑。

表 3-2　信度和效度保证策略

信效度指标	案例研究策略	策略发生阶段
信度	设计案例研究方案及研究计划建立案例研究数据库，确保重复研究的结论相同检验归类一致性指数和分析信度。	研究设计 数据收集 数据分析
构念效度	采用一、二手数据相互验证构建证据链，交由企业相关人员阅读及审核确认。	数据收集 数据收集 数据撰写
内在效度	概念模型与研究结论相匹配分析与之相对立的竞争性解释。	数据分析
外在效度	通过重复、复制的方法对多个子单元进行研究。	研究设计

3.5　本章小结

本章具体阐述了本研究采用的研究方法，其中对案例研究方法做了重点解释，介绍了研究的情境以及四个案例研究对象，论述了数据收集及分析方式，具体如下：

第一，本研究以全球化背景下我国典型制造企业作为案例研究对象，并将全球制造型企业划分为产品标准化企业与产品个性化企业两种类型，基于核心企业与非核心企业，一共划分为四种案例类型，并选取四个典型案例企业。本研究从三个方面论述案例选取的理由：一是案例典型性，选取全球背景下我国典型的制造企业，并且有一定的影响力；二是资料可获得性，为研究的深入开展提供便利；三是案例可对比性，与本研究研究主题相匹配。

第二，本研究在整体上采用案例研究方法，同时采用其他方法作为辅助，如文献分析法对全球制造网络、企业创新网络、网络嵌入等理论进行系统梳理；问卷调查法分析全球制造及全球创新网络现状；社会网络分析法分析全球制造中产品标准化和个性化主导的企业创新网络嵌入路径。本研究探索了全球制造背景下我国制造企业创新网络该怎样构建以及为何要构建的问题，因此选择案例研究方法更为适用。

第三，本研究采用一手数据为主、二手数据为辅的方式进行数据收集，并严格遵循“明确研究问题→理论回顾→案例研究草案设计→数据收集→数据分析”的案例研究流程，明确研究问题，按照研究思路去推导本书的研究结论，做好理论与数据的对话，以实现案例现象概念化。

4 全球制造及企业创新网络现状分析

全球制造与制造企业的全球化是同一个概念，因此，要分析全球制造的现状，必须深入了解全球化相关概念及其发展历程。全球化的本质是世界一体化的过程，即全球对象要素的联系日益紧密的发展过程。胡海波（2016）认为，以跨境交易的形式为依据，全球化发展可以分为国内生产与海外销售、海外设立生产基地、全球化供应链协同3个阶段。Ernst和Dieter（2002）认为体制变化、信息技术化、竞争动态化等是推动全球化的主要力量。在体制变化的影响下，贸易与资本流动更加自由化，使得企业的生产制造方式打破了传统体制的限制，国际交易成为常态；在信息技术化的影响下，全球制造、销售与服务效率提升，全球协调发展成为可能；在竞争动态化的影响下，企业间的竞争广度与复杂度提升，要求企业寻求低成本、高收益的竞争能力与资源，与国内外相关企业互补资源，增强企业竞争发展的灵活性，提高企业全球竞争能力。

由于全球化合作大多处于经济层面，全球化的概念逐步演化为经济全球化。俞可平（2000）提出，经济全球化的表现形式主要包括资本全球化、产品全球化和通讯全球化，这些表现形式要求经济发展需要突破国界，寻求在全球范围内的经济合作与交流。自20世纪90年代以来，市场经济快速发展，国际直接投资与贸易环境不断变化，经济全球化的发展势头强劲。经济学家普遍认为，经济全球化的发展与市场经济的发展密不可分。在市场经济条件下，为获取尽可能多的财富，“理性”的企业逐步扩大市场规模，推动劳动分工的专业化，提升更多行业的贸易自由度，促使超越国家地域界限的全球市场形成。值得一提的是，亚当·斯密提出的绝对成本优势理论和大卫·李嘉图创立的比较成本理论都有效证实了国际劳动分工和国际自由贸易确实可以增加全球财富并为各国人民谋福利，这从理论角度验证了经济全球化的合理性、正当性和必然性（冯新舟，2018）。目前，经济全球化的发展凸显出六大特征或趋势：第一，生产活动全球化。传统意义上的国际分工正在演变为全球性分工，各国作为独立而又相互依赖的个体逐渐融入全球生产中，逐渐成为全球价值体系中的重要结点，全球化分工的内容正在发生变化，使得各国能在全球市场中发挥一定的作用，促使生产要素在全球市场中得到充分合理的配置。第二，世界贸易体制多变。世界贸易组织（WTO）等贸易组织与协定的成立与运营进一步规范了全球贸易的发展，助推全球贸易走向正规化、体系化和标准化。第三，各国金融体系日益融合。随着金融国际化的进程加快，各国银行尤其是民营银行纷纷开始在世界范围内进行大规模合并、收购、投资等金融活动。第四，投资活动遍及全球。世界各国尤其是发达国家对外投资数量与范围逐步扩大，一度成为全球经济增长的重要支点，发展中国家成为吸收外国投资的主要对象。第五，跨国公司扮演的角色日益重要。90 年代以来，跨国公司得到快速发展，数量更是与日俱增，无国界经济出现。第六，人才培养国际化。国家加大国际化人才的培养力度，日本公司率先提出“国际人”战略，人才培养机制逐渐与国际接轨（薛荣久，1998）。

进入 21 世纪，经济全球化的趋势越来越强劲，全球市场的形成与确立为促进金融、贸易、投资等在全球范围内快速发展，促进各生产要素在全球市场间流动，有利于发展中国家通过参与国际分工实现自身产业发展与国际产业转移与重组的对接，建立竞争优势（Gonzalezvicente，2018）。当中国经济以更加开放的姿态融入全球经济的时候，中国的制造企业也随之面临着全球制造创新合作新范式兴起所引发的重大挑战与机遇（吴晓波和吴东，2010）。中国制造企业正在积极地向全球先进制造企业进行全方位的创新学习并有针对性地自我改进，从自产自销到全球制造，逐渐嵌入全球创新网络体系，这算是改革开放以来我国坚持发展外向型经济的一大效果（戴翔和张二震，2017）。处于全球制造的大环境下，我国制造企业愈加倾向于在更开放的全球制造创新网络中进行生产、经营、创新等活动，企业不再是一个孤立体，而在逐步演变为与商业生态系统进行相互作用的有机体，这一商业生态系统便是基于创新网络所形成。在这个有机体中，所有企业相互关联，形成你中有我、我中有你的网络形态。因此，通过梳理全球制造与全球创新网络的现状，可以让企业、行业协会、政府、高校等主体认识到个体、行业乃至国家制造的创新网络形态，便于其对企业创新网络进行战略部署，并为国家创新驱动战略布局提出指导性建议，以引领我国制造企业健康长寿发展。

4.1 全球制造现状

一个国家制造业的发展与其整体经济地位息息相关。21世纪初，欧盟、美国、日本被誉为全球三大经济体，在经济上占据主导地位。此时，三者制造产业的合计增加值约占全球近70%，几乎把握住了全球经济命脉。但是21世纪以来，随着经济全球化的向前推进，中国成为全球地位提升最显著的经济体。与此同时，制造业也开始加速发展，2012年制造业增加值超越欧盟跃居世界第一，2015年制造业全球占比达27%。近年来，欧美日三大经济体制造业占比逐年下滑，而韩国、印度、巴西、印尼、墨西哥等国的制造业比重虽出现小幅上升，增幅仍远低于中国，在全球格局中地位并无显著变化。自20世纪80年代以来，经济全球化的市场扩张趋势带动了全球经济结构重组，要求全球产业结构进行重新布局与调整。其中，全球制造业的变革尤为显著，全球制造网络体系正在逐步形成，主要呈现以下四个特征。

4.1.1 制造业转移的核心驱动因素仍是劳动力成本

回顾历史，全球制造业的发展过程中出现过三次较大规模的制造业转移，目前正处于第四次转移的进程中。第一次制造业转移始于20世纪50年代，第二次世界大战结束后不久，美国将国内的传统制造业陆续向日本、德国等战败国转移；第二次制造业转移时间约为60年代至70年代，美国、欧盟等有意识地将制造业向崛起中的“亚洲四小龙”和部分拉美国家转移；第三次制造业转移始于80年代，发达国家和地区纷纷把劳动力密集型产业和低技术产业转移至正进行改革开放的中国大陆。近年，随着东南亚新兴经济体崛起，廉价劳动力促使部分中低端制造业开始转向东南亚、印度等新兴经济体。全球制造业的转移是一个不断追求低劳动力成本的过程，随着全球制造业主要承担国家人口红利的逐渐消失，人力成本不断上升，制造业企业自然会向低成本区域转移，劳动力成本始终是制造业转移的核心驱动因素。

4.1.2 制造业全球化转移方式转变为有组织的授权生产

纵观早期的全球制造业转移，其转移方式主要有两种：一是生产不移市场移，即以母国为生产基地，将产成品销往其他国家与地区，实现市场的全球化，其特点在于自身拥有完整的生产制造设备与关键技术，产品由自己生产制造，仅将制造环节下游的销售环节转移至全球；二是生产与市场均移，即将生产基地转移至海外，完全在海外生产制造产品，并将其销售给东道国或其他国家，其特点在于仅利用东道国的人力、原材料以及部分资金等。

随着信息技术革命的兴起，全球市场格局正在不断重组，企业管理思想和方法都发生了较大的变化，企业组织形式也发生了根本性的变革，战略合作成为企业全球化的重心。这些新思想和新方法在跨国企业，尤其是制造型跨国企业中得到良好的发挥与运用。因此，一种新颖的制造业全球化方式应运而生并仍在不断发展中。这一方式的核心特征是解放生产与聚焦资源，制造企业即便在不完全具备成熟生产技术与基础设施的情况下，也能广泛地利用目标国的生产资源（包括人工、设备等）与相关技术资源，保质保量地生产制造出合格的产品，并最终实现全球销售。新的制造全球化方式具体表现为两种模式：第一，生产定向授权化，企业通过各种手段掌握了生产先进产品的技术，为了降低成本，可以授权给国外的制造厂商按照规定的标准进行生产，在此基础上，企业利用距离优势，在海外制造基地周边市场建立营销点，最终构建其全球营销网络；第二，生产全球网络化，即制造企业在综合考虑各国技术与成本的前提下在全球范围内建立加工制造网络，加工制造的产品由企业自己进行产品总装与销售。例如，波音 747 飞机的大约 450 万个零部件，主要由 10 个国家的 1000 多家大型企业和15000多家小型企业完成制造①。上述两种模式分别适用于不同类型的制造企业，前者适合较简单的品牌产品，后者适合较复杂的精密产品。

4.1.3 制造业的全球化技术研究与开发合作趋势日益增强

互联网的发明与发展，使全球企业的联系更加便利，关系也因此更加紧密。随着现代技术革命浪潮的兴起，制造业的发展重心转向全球科研平台，在跨国公司国际分工的影响下，全球科技创新平台成为制造型企业发展的关键，促进制造业从低端市场向高端市场转移。基于此，传统制造业的合作方式与内容也发生了较大变化，一大批高新技术制造企业不断形成与发展。高新技术产品往往存在生命周期较短、替代性较强、需求市场难以把握等问题，因此，制造企业在进行高新技术研发的过程中容易出现这样的情况：一种产品尚处于研发中，但因市场上已出现替代性技术或产品而被扼杀于襁褓中，造成了严重的资源浪费与战略滞后。为避免类似现象出现，近年来，制造企业正在逐渐加强全球技术研发合作，全球化合作不仅可促使制造企业实现技术能力的提升，推动企业对先进技术的引进、消化、吸收与创新，实现自身技术有序向更高层次发展，同时可使企业站在全球的高度，基于对当前技术的认识，按照自身发展思路对技术布局做出合理的判断并落实对应举措，有利于全球技术的创新发展。

4.1.4 制造业信息化趋势逐渐增强

在经济全球化的深度影响下，全球制造业的分工从垂直化分工向水平方向延伸，在跨国企业的推动下，全球制造的供应链逐步细化，网络化分工的雏形初定。制造企业中优化劳动分工的目的是提升各制造环节的效率，而如何实现各制造环节无缝衔接也不容忽视，这就涉及信息交互体系的建立与完善。随着互联网以及移动互联网的快速发展，信息技术将会广

① 资料来源：波音公司官网（http：//www. boeing. com）。

泛运用到现代制造企业的研发设计、产品制造、销售流程、处理反馈、日常管理等过程之中，如国际知名的 Oracle、SAP 以及国内高速发展的金蝶、用友等软件企业，在信息系统中集成各类功能，可实现即时共享工作进度、线上便利协作以及可视化数据分析等。可以说，制造业的信息化将真正提高全球制造的效率。

4.2 全球制造中的企业创新网络现状

4.2.1 企业创新网络符合政策导向

20 世纪 90 年代初以来，我国沿海地区在改革开放政策影响下，获取了大量的海外跨国公司的投资、生产转移，迅速发展了劳动密集型、低附加值的加工贸易制造产业，但单纯的代工（OEM）生产方式将很难长期产生较大的经济效益，更无法获得长久发展的可能性。中国企业通过“加工中学”逐步从代工（OEM）过渡到原始设计制造（ODM），最后实现自主品牌制造（OBM），以提升可持续国际竞争力（侯仕军，2013）。

“十三五”国家科技创新规划明确提出，要“构建具有国际竞争力的现代产业技术体系，强化重点领域关键环节的重大技术开发，为我国产业迈向全球价值链中高端提供有力支撑”。因此，寻找快速融入全球创新网络的路径，提高我国企业的附加值获取能力显得尤为迫切。当前，在全球范围内科技与产业革命正在兴起并快速推进，创新全球化快速蔓延。在这一背景下，任何一个处于发展中的组织都难以置身事外。促进各国各地区之间的科技合作与协同发展是实现全球科技创新的重要步骤，也是各国保持持续竞争力的必然要求。因此，在科技创新国际化战略的指引下，我国正致力于深度参与全球创新治理，全方位提升科技创新的国际化，体现国家决策层坚定的创新自信和对科技发展规律的深刻认识。在把握全球科技发展趋势的基础上，习近平总书记立足全球视野，提出“积极融入和主动布局全球创新网络”“探索科技开放合作新模式、新路径、新体制”等重要论断，进一步将技术创新开放式发展演变与提升至战略层次，要求在全国范围内树立技术创新的“开放观”。

4.2.2 企业创新网络匹配技术发展

21世纪以来，伴随着互联网、物联网（IoT）、大数据（Big Data）、区块链（Blockchain）、人工智能（AI）、5G等各类新兴技术的快速发展以及广泛应用，知识的生产、搜寻、传播及应用不再局限于某一时间或空间，有效突破了时空限制的知识被赋予了传播和交互的属性。基于此，创新活动从组织内部扩展到跨组织、跨地域的外部网络，并在政府与市场的联合作用下逐渐向全球网络的形态演变。某种程度上，技术的发展是全球创新网络的重要载体，技术是创新的前提，技术也是综合实力的缩影，因此技术落后的企业、组织乃至国家往往在全球创新网络的融入程度上也不如技术更为先进者。

4.2.3 企业创新网络的运作结构复杂

在制造行业，早期国内外关联企业间合作进行的创新活动主要是基础制造领域，知识的传递只起辅助作用，可以说，当时的创新活动协同主要体现的是全球制造网络的构建。而当政策强化意识、技术优化载体之后，全球创新网络才真正落到实处，并越来越受到重视，同时为全球的创新发展起到了重要推动作用。全球创新网络不等同于全球制造网络或全球生产网络，其运行和治理结构更为复杂，包含三层子网络：全球知识创新网络、全球创新服务网络以及全球开发产业化网络。这意味着，制造企业在主动融入、整合、构建全球创新网络之时，需要在知识创新、服务创新、研发创新等维度形成紧密合作，对多方合作模式提出了新的要求。如中兴作为中方代表融入全球创新网络，与美、日、韩等国家同行业的优势企业合作，共享知识、服务，共同研发、制造，其运作结构复杂且严格，一旦某一环节被强制暂停或受到阻碍，将对主动方造成更为严重的损害，2018年发生的美国制裁中兴事件就是最直接的例子。

综上所述，全球制造中的企业创新网络正处于快速发展之中，其重要性日益凸显。但是，企业在融入全球创新网络过程中仍然存在一些的问题，值得企业自身、政府、行业协会、高校等相关行为主体深入思考并积极实践，主要问题体现在以下三方面。

第一，劳动力成本上升，制造企业如何转型升级。纵观我国制造业，近年来，由于国内劳动力成本逐渐上升，国内众多制造型企业（如海尔集团、江铃汽车等）纷纷寻求海外低劳动力成本市场，如越南、印度等国家与地区，以降低生产成本，同时实现海外工厂与市场临近目标，不断拓展全球市场。另外，国际制造型企业将海外工厂从中国转移到低劳动力成本市场，使中国制造行业逐渐出现低迷的现象。如何实现这类企业的转型升级，降低投资流失带来的影响，是企业与政府需要深入思考的长久话题。

第二，政策依赖过重，自我创新意识与能力不足。作为国家的根基，制造业的发展一直都与政策息息相关，甚至很多制造企业会以政策为前提“被动”决定自身战略布局。但是某种程度上，相关企业并不具备创新意识与能力，即便符合政策导向，依然难以被海外优质企业相中，更缺乏作为制造网络核心枢纽的机会与实力。

第三，创新网络结构待调整。创新网络成员性质不互补、成员间合作方式较为单一、创新网络资源获取能力待提升均为创新网络结构调整的方向。不同类型的制造企业都需要一种合适的创新网络结构，优化资源整合效率，实现协同创新。由于创新网络结构不够完善，目前我国制造企业尤其是中小企业普遍面临两个困境，一是由于创新合作对象积累少、流动性大、自身技术知识积累薄弱等问题，缺乏自主创新能力，二是由于创新知识产权保护、行业发展路径、竞争环境等原因，缺乏自主创新动力（卢彬彬，2016）。

基于上述分析可得，全球创新网络的构成瞬息万变，全球创新网络的运作复杂难懂，尤其对正处于高速发展中的中国制造企业，其可塑性更强。从宏观角度看，先进技术仍掌握在少数发达国家手中，部分国家和地区在全球创新网络中仍受压迫，很大一部分甚至被排除在全球创新网络之外。从微观角度看，制造企业对全球创新网络的认知尚不成熟、全球创新网络的一般运作模式尚不清晰等问题制约着全球创新网络的发展。因此，了解我国制造企业对全球创新网络的认识及其目前为融入全球创新网络所做的举措，是进一步呈现当前全球制造与全球创新网络现状的重要前提。

4.3 基于我国制造企业的问卷分析

为了充分了解我国制造型企业全球制造以及全球创新网络现状，本课题组通过问卷调查的方式进行数据收集，并在后期进行数据统计与分析。该调查问卷主要分为“企业情况”“全球制造现状”和“企业创新网络现状”三大板块，累计设置了19道针对社会从业者（包括制造企业从业者和非制造企业从业者）的题目，通过对他们的问卷调查，深入认识与了解我国制造企业在全球制造与全球创新网络中的现状。首先，“企业情况”板块主要用于收集被调查对象所在公司的性质、所属行业领域、人员规模和发展阶段等基础信息；其次，“全球制造现状”板块主要用于收集被调查对象所在公司在海外建厂、海外营销、海外生产合作关系、全球制造能力推动主体等方面的表现；“企业创新网络现状”板块主要用于收集被调查对象所在公司的创新合作对象、网络合作周期、技术合作类型方式、获取的资源能力，异质性指数等方面的信息。

本次调查问卷共发放150份，其中回收到有效问卷131份，无效问卷19份。问卷回收后即可对剔除无效问卷后的131份有效问卷的所有数据进行汇总，并运用软件进行了数据分析，最终形成调查本次分析报告，调查分析结果如下。

4.3.1 参与调查的制造企业基本情况

在填写有效问卷的131名被调查者中，14人来自汽车制造行业，占总人数的10.77%；12人来自医药制造行业，占总人数的9.23%；4人来自食品制造行业，占总人数的3.05%；3人来自家具制造行业，占总人数的2.29%；8人来自纺织服装、服饰行业，占总人数的6.15%；17人来自计算机、通信和其他电子设备制造行业，占总人数的13.08%；72人来自建筑、金融等相关行业，占总人数的55.38%。调查数据显示，本次被调查者一半以上的人群来自建筑、金融等相关行业。其余近半数被调查者多来自汽车、医药和计算机等行业。从被调查者的人群分布来看，本次调查所涉及的行业较多、范围较广。从被调查者主要所在的行业领域来看，本次调查符合问卷调查的目标人群，即社会从业者（包括制造企业从业者和非制造企业从业者）。由此可知，本次调查问卷兼顾各行业从业者，且具有财经类社会从业者倾向，数据真实可信。具体数据分析如图 4 - 1 所示。

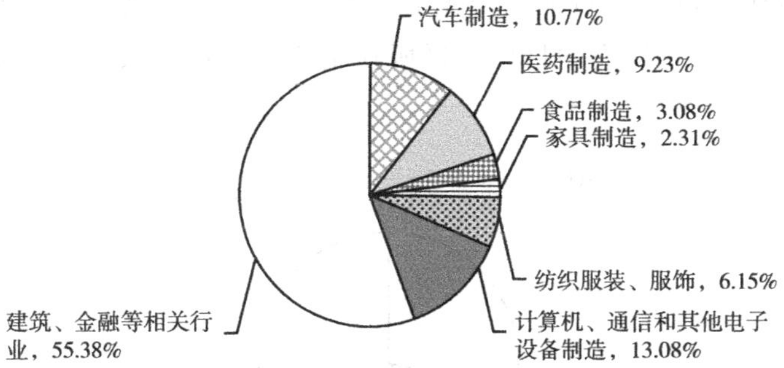

图 4 - 1 被调查对象所在公司的所属行业领域

从被调查对象所在公司的性质方面进行分析，有 47. 69% 的人属于国有企业；1. 54% 的人属于集体所有制企业；11. 54% 的人属于外资企业；6. 15% 的人属于混合制企业；30% 的人属于私营企业；3. 08% 的人属于其他。调查数据显示，本次调查涉及国有企业、集体所有制企业、外资企业、混合所有制企业、私营企业等各种性质的企业。进一步验证了本次调查的对象符合问卷目标人群设定，也充分体现了本次调查的科学性，所选样本的多样性和广泛性，调查结果具体数据如图 4 - 2 所示。

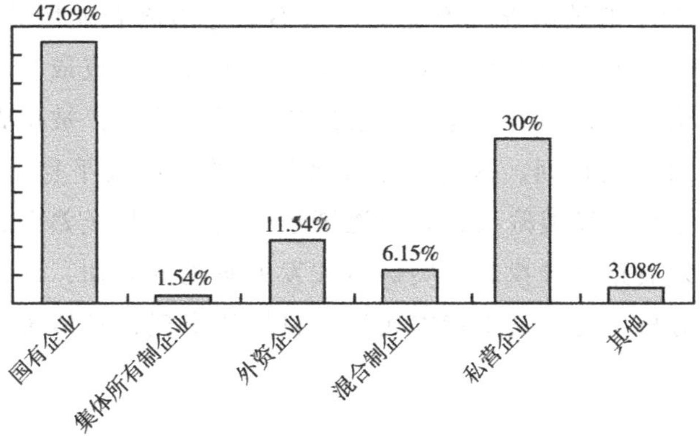

图 4 - 2 被调查对象所在公司所属性质

从被调查对象所在公司的人员规模方面分析，50 人以下的企业占总企业数的 4.62%；51～200 人的企业占总企业数的 6.15%；201～1000 人的企业占总企业数的 28.46%；1001 人以上的企业占总企业数的 60.77%。调查数据显示，本次调查的企业大部分为中大型企业，职员人数多在 1001 人以上，目前该类型企业在全球制造中处于较为核心的位置，符合本次调查问卷的目标人群所在企业的标准，具体数据如图 4－3 所示。

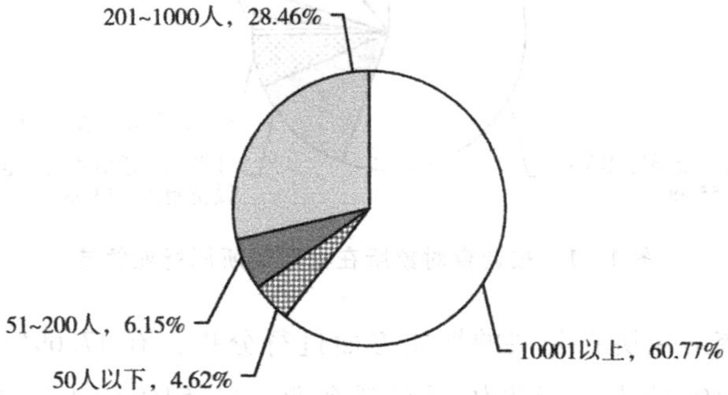

图 4－3　被调查企业人员规模

从被调查对象所在公司所处发展阶段方面分析，结果显示有 53.85% 的人所在公司正处于销售额稳定的成熟阶段；有 33.08% 的人所在公司正处于销售额快速增长的成长阶段；有 7.69% 的人所在公司处于销售额萎缩回落的衰退阶段；有 4.62% 的人所在公司正处于新建初创时期；另外，还有 0.77% 的被调查者不能确定或不愿意透露企业所处发展阶段。调查数据显示，本次调查的大部分企业正处于成熟期或成长期，从产业生命周期理论来看，一个企业发展会经历不同的阶段，被调查企业大部分处于成熟期与成长期，这是一个发展迅猛的阶段或平稳上升的阶段。渡过了寻求生存的发展阶段，企业逐渐进入成长期和成熟期，正处于需要突破原有发展路径寻找新的突破口或发展契机的时期，对该部分企业的调查统计分析，能有效支持本次调查目标的实现，具体统计数据如图 4－4 所示。

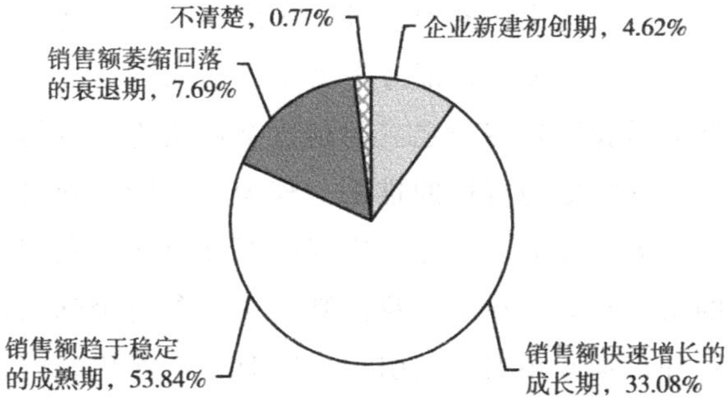

图 4-4 被调查企业所处发展阶段

4.3.2 从我国制造企业看全球制造现状

当前形势下，全球制造网络正在世界范围内特别是发展中国家中快速延伸和发展，这是我国本土企业进入全球市场的历史机遇。我国本土企业可以制定并实施全球制造战略，建立以自己为核心的全球制造网络，在世界范围内配置资源，参与全球合作与竞争。我国目前已经有企业参与到全球制造的网络中，如海尔、联想、华为等，其他企业需要借鉴该类企业的经验，积极转化学习。本次问卷调查为了更真实地了解我国企业融入全球制造网络的现状，对我国本土的131家制造企业进行分析得出了四大结论，统计分析结果如下所示。

（1）海外制造转移

从被调查企业海外制造转移方面分析，55.38%的被调查者所在企业在海外建有分公司或生产基地，另外有44.62%的被调查者所在企业并未在海外建有分公司或生产基地。同时，在被调查企业中，有63.85%的被调查者所在企业在海外建立分公司或生产基地最关心的因素是广阔的海外市场；有14.62%的被调查者所在企业最关心政府的政策支持；有7.69%的被调查者所在企业最关心海外的廉价劳动力，有7.69%的被调查者所在企业最为关心海外的发达技术；有5.38%的被调查者所在企业认为是其他因素，比如资源信息等，具体数据如图4-5和图4-6所示。

由调查结果可知，首先，半数以上的企业在海外建有分公司或生产基地，可见我国制造企业大多数已经具有了全球化意识。但也有近半数的企业未在海外建有分公司或生产基地，可知我国制造企业还具有进入全球制造网络的较大潜力，如何发挥该部分潜力正是本课题研究的目的及意义所在。其次，数据显示我国近四分之三的制造企业认为广阔的海外市场是对于其进入全球制造网络更为直接的推手，较少部分的企业最为看重政府支持和海外廉价劳动力等方面。可见，广阔的海外市场是我国制造企业进入全球制造网络的第一动力。在推动我国制造企业参与全球制造网络的过程中应当更注重海外市场开拓的有效引导，同时也应注重政府政策的有力支持，减少因政策原因造成的阻力或损失。

从调查结果来看，我国制造企业全球制造转移方式主要属于第一种，即把国内作为重要生产基地，将其产品通过全球营销网络销往海外国家与地区，以获得广阔的海外市场。

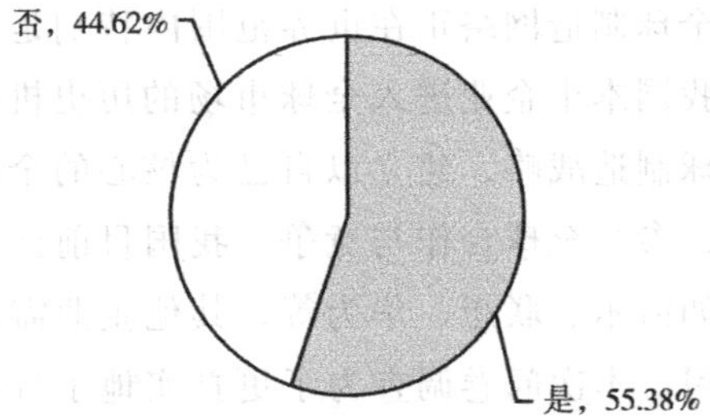

图 4－5　被调查企业海外建立分公司或生产基地情况

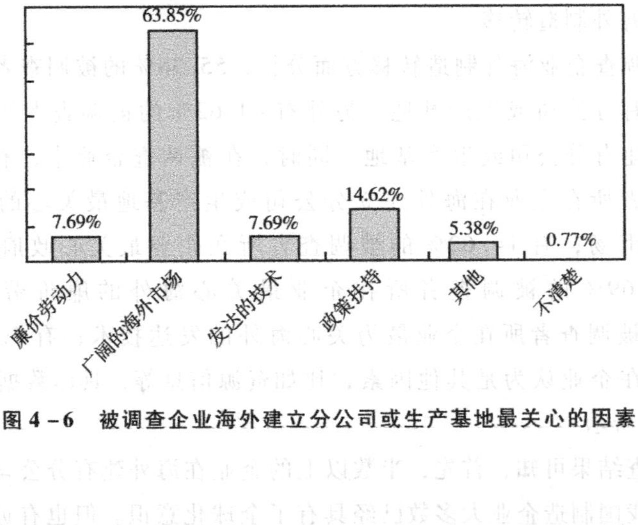

图 4－6　被调查企业海外建立分公司或生产基地最关心的因素

（2）海外制造合作关系

从被调查企业与海外企业建立生产合作关系方面分析。有 63.85% 的企业与海外企业建立了生产合作关系，有 36.15% 的企业还尚未与海外企业建立生产合作关系，具体数据如图 4－7 所示。在被调查的企业中，有 61.07% 的企业认为与海外企业建立生产合作关系最主要的渠道是国内外政府部门的扶持；有 16.79% 的企业认为是海外中资企业搭桥介绍；12.98% 的企业认为企业直接联系（以函电或发送资料的方式，自我介绍建立关系）更为直接有效；4.58% 的企业认为最主要渠道是相关论坛和会议；1.53% 的企业认为最主要的渠道是专业咨询机构；1.53% 的企业选择为其他，如并购等。另外 1.53% 的企业没有对该题作答，具体数据如图 4－8 所示。说明企业建立海外生产合作关系，在一定程度上依然依赖于双方政府的扶持。

自《中国制造 2025》实施以来，政府在市场经济中的地位更加明确。由于早期“粗放型”的经济发展方式留下的后遗症，我国制造业目前依然存在一些明显问题，如产品关键技术缺失、精细化制造基础薄弱、制造设备落后、制造人才不足、制造整合能力弱等。中国的特殊国情和发展道路导致市场经济的发展不可“放任自流”，上述问题的解决必须建立在国家层面的制造行业转型升级的基础上，因此单凭市场机制和企业自身力量无法有效解决，需要政府通过宏观调控去引导并修复某些失灵的市场机制，而政府制定重大产业政策进行引导是世界制造大国的通用做法。正因为如此，我国企业显得过分依赖于政策驱动，加上长期的计划经济惯性促使企业自身较少培育市场变化机制，在建立海外制造生产合作关系时更多关注国内外政府部门的扶持政策。

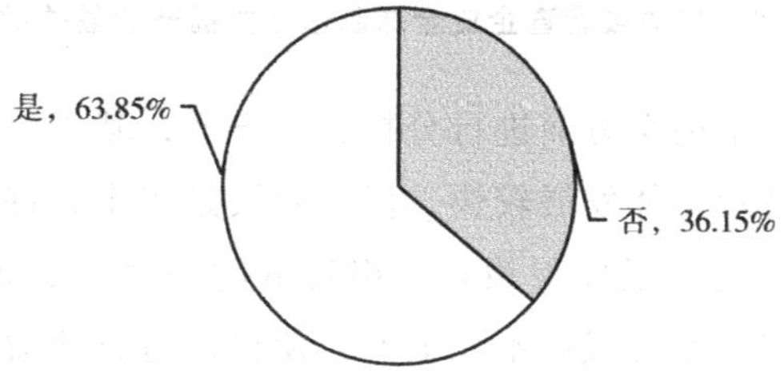

图 4－7　被调查企业海外建立生产关系情况

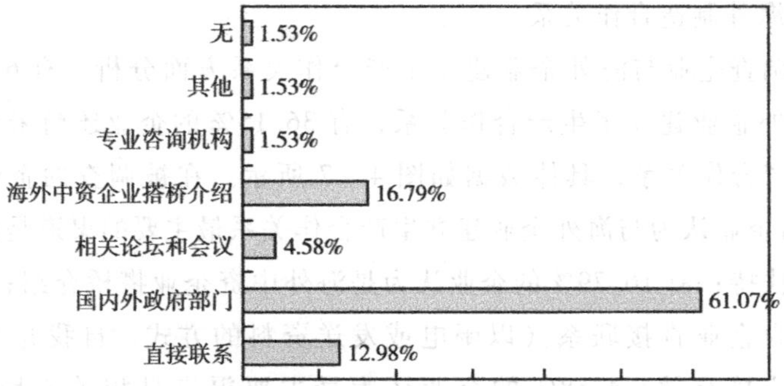

图 4-8　被调查企业海外建立生产关系最主要渠道

(3) 海外制造推动主体

在被调查对象所在企业推动全球制造能力最关键的主体上，43.85%的企业认为推动公司全球制造能力提升的关键主体是政府部门；50.77%的企业认为推动公司全球制造能力提升的关键主体是企业自身；3.08%的企业认为推动公司全球制造能力提升的关键主体是行业协会；剩余的被调查者选择了其他或者并未对此题作答，具体数据如图 4-9 所示。

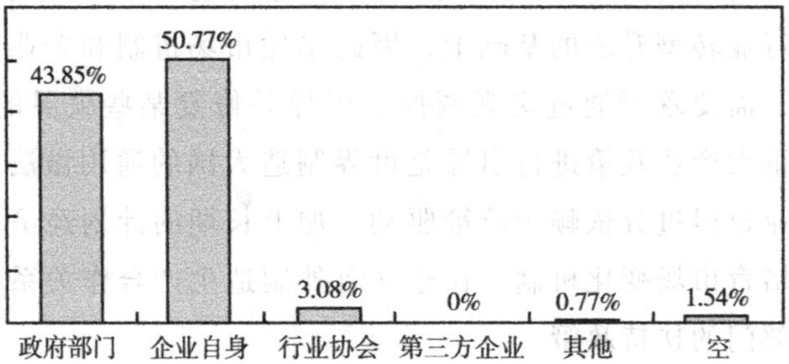

图 4-9　推动被调查企业全球制造能力提升的最关键主体

原因可以从以下两个方面进行分析：一方面，基于改革开放的经济发展优势，我国制造业整体发展较快，但在发展过程中，许多制造企业只顾眼前经济效益，缺乏长远发展策略，出现低附加值、低研发投入等问题，近年来，我国国内劳动力成本不断上升，使得制造行业盈利能力大幅度下降。在将“中国制造”转变为“中国智造”和“走出去”的宏观背景下，政府政策支持企业转变传统制造业发展模式，积极与全球先进制造企业合作，实现产业转型。另一方面，我国制造企业在很长一段时间采用技术进口的方式提升制造能力，引进的大部分技术手段与生产设备已被国外企业多数淘汰，国内外制造技术差距悬殊，在长期的制造发展过程中，企业逐渐意识到自身制造技术创新对企业发展的重大意义，不断加大企业制造研发投入，开始重视企业自身在推动海外制造能力的作用。

（4）改进企业全球制造能力

在被调查对象所在公司关于对改进全球制造能力的建议方面，有79.23%的被调查者认为在增强企业自身生产力的同时积极开拓国外市场能改进企业全球制造能力；有78.46%的被调查者认为改进全球制造能力关键是寻求海外技术研发合作；有40.77%的被调查者认为企业可以通过在海外大力建立建设生产基地以改进全球制造能力，具体数据如图4－10所示。

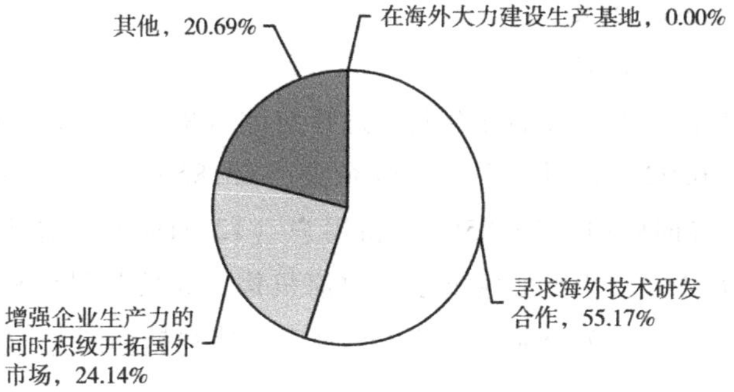

图4－10　推动企业全球制造能力的因素

调查数据显示，我国制造企业正在逐渐意识到技术研发在推动企业制造能力中的作用，并以较为积极的态度开拓国际市场，致力于从更为广阔的市场环境中寻求匹配的技术资源、知识资源与信息资源。

（5）制造企业国际销售情况

在被调查的企业中，公司国际销售额整体上呈现上升的趋势，其中，33.85%的企业国际销售额较大幅度上升；26.15%的企业国际销售额小幅度上升；30.77%的企业国际销售额保持相对稳定，具体数据如图4－11所示。

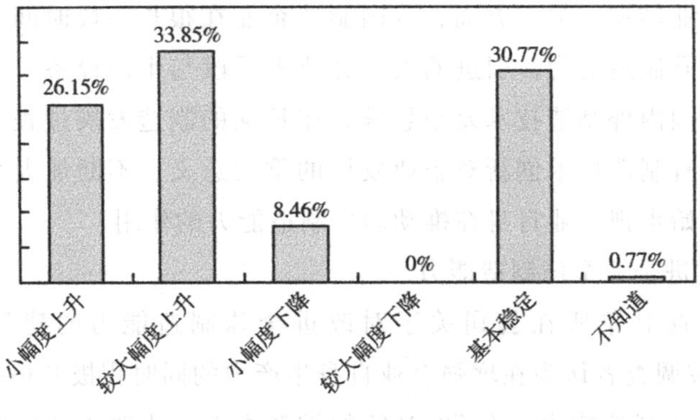

图 4－11　被调查企业国际销售额趋势

4.3.3　从我国制造企业看企业创新网络现状

(1) 创新网络成员

①创新网络成员构成

在被调查企业中，大部分企业会选择与政府机构 (74.62%)、高校与科研机构 (76.92%)、同行业其他企业 (63.85%)、上下游相关企业 (55.38%)、咨询机构 (23.85%) 和用户 (12.31%) 等进行创新合作。相对而言，大部分企业更加偏重于与政府机构、高校与科研机构、同行业其他企业和上下游相关企业合作技术创新，具体数据如图 4－12 所示。

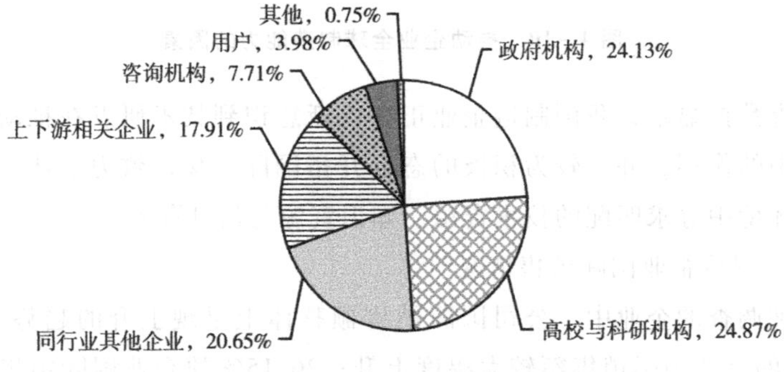

图 4－12　被调查企业创新网络成员构成情况

②创新网络成员的异质性

在被调查的企业中，企业与合作的外部组织的差异性体现为一般

(70.78%)的特征，差异性非常大仅为16.91%，具体数据如图4-13所示。

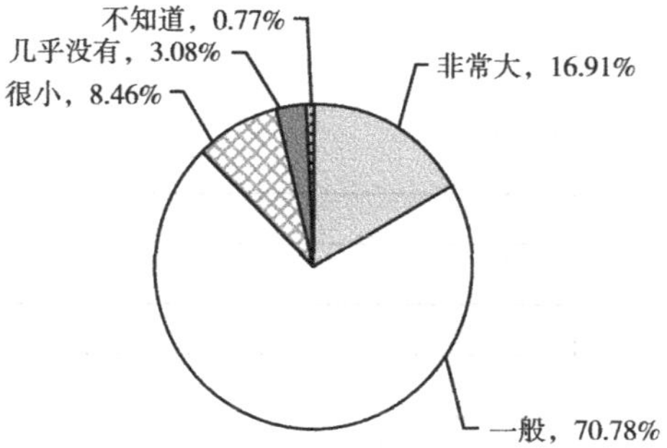

图4-13 被调查企业与外部组织差异性

衡量上述差异性指标主要有企业类型、企业规模、企业创新实力等，从这一角度看，被调查企业可能存在两种情况：一是企业发展进入稳定期，企业创新网络内的成员已建立完善的资源链接且形成较稳定的合作机制，因此网络异质性从一开始较大逐渐变小，现有异质性适当，可较好满足企业的发展需求，此类企业需时刻关注市场环境，适当纳入新网络成员，避免整个创新网络的落后；二是企业目前吸纳多种类型合作方的能力与经验不足，企业创新网络主要由处于相似水平、运营类似业务的企业构成，在供应链的某些固定位置进行水平整合，这类“抱团取暖”的同质性合作难以垂直整合供应链，不利于网络企业的长期发展，此类企业的创新网络异质性亟待增强。

③创新网络成员合作周期

在被调查企业中，大部分企业与创新网络成员合作时间在五年以下，其中，半年以下（包括半年）的企业占10%；一年以下（包括一年）的企业占43.85%；一年以上五年以下（包括五年）的企业占39.23%，而合作周期达到五年以上的企业不到10%，具体数据如图4-14所示。

（2）创新网络活动方式

在被调查企业中，企业与外部组织进行技术合作的类型以短期开发（25.38%）与常规销售活动（40%）为主，长期开发活动（18.46%）、技术信息交换（7.69%）和技术试验合作（7.69%）较少，具体数据如图4-15所示。同时，企业与外部组织技术合作所发生的微观环节主要发生在基础研究阶段（占比47.69%），具体数据如图4－16所示。

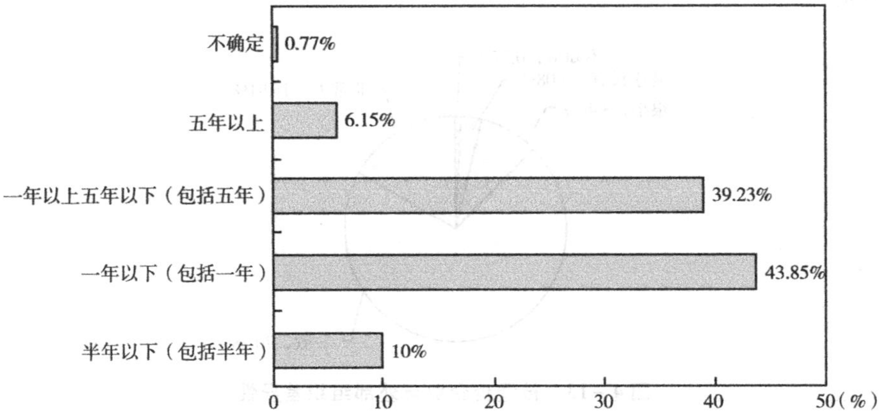

图4－14　被调查企业与创新网络成员合作周期

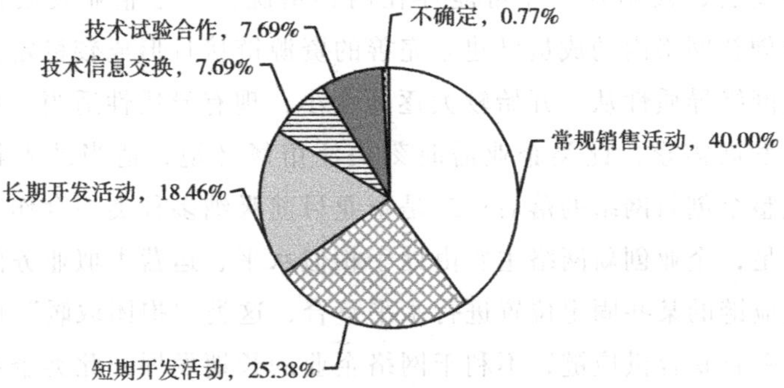

图4－15　被调查企业与外部组织技术合作的类型

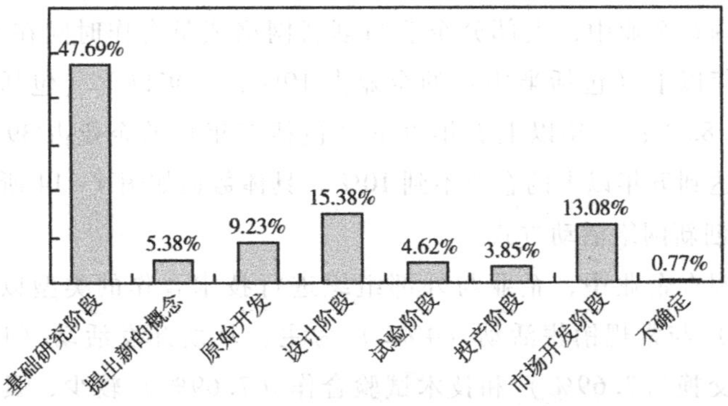

图4－16　被调查企业与外部组织技术合作所发生的主要环节

(3) 创新网络资源获取程度

在调查企业中，有70.77%的企业认为自身在与外部组织进行技术合作时所获得的资源或信息数量一般，而获取资源或信息非常多的企业仅为17.69%，具体数据如图4-17所示。

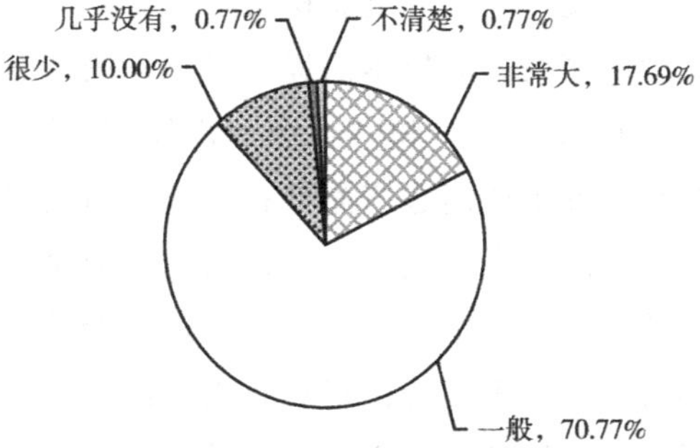

图4-17 被调查企业与外部组织合作时获取资源或信息情况

(4) 创新网络构建影响因素

在被调查的企业中，超过一半的企业认为推动企业全球创新合作的关键主体是企业自身，占比56.15%；39.23%的企业认为推动企业进行全球创新合作最为关键的主体是政府部门，另外，1.54%的企业认为的关键主体为第三方企业，具体如图4-18所示。说明，企业认为推动自身构建创新网络的影响因素以内部驱动为主，主要靠自身能力形成创新网络体系。

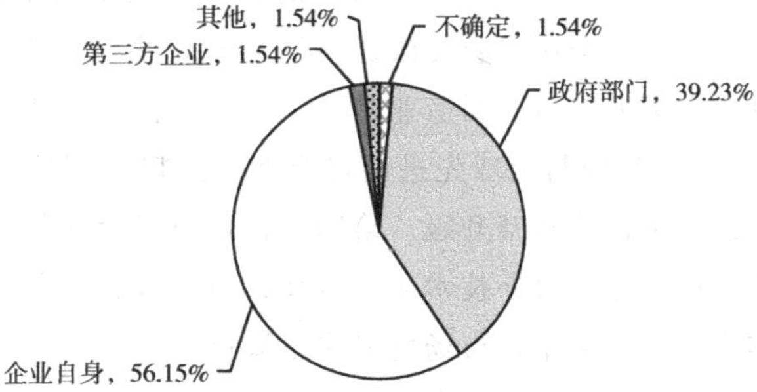

图4-18 推动企业创新合作最为关键的主体

4.4 本章小结

在全球制造的大环境下，制造企业积极融入由跨国公司主导的全球制造网络已成为发展中国家发展的根本前提。早期，制造企业全球化的两种方式分别是“生产不移市场移”和“生产与市场均移”，分别对应建设海外销售渠道和完全在海外生产制造产品并在国际上进行销售。后期，随着信息技术的发展，企业间的合作成为常态，制造企业全球化不再是单兵作战，全球制造转移的方式也开始转变。新的制造业全球化方式强调解放生产与资源整合，即将简单的生产转移到具有人口红利或有技术优势的国家或地区，但必须保证一个原则：核心资源要掌握在企业手中，如重要技术专利、产品图纸等。

根据问卷调查结果，可得出以下与制造全球化相关的结论。第一，我国制造企业实现制造全球化的主要途径是在海外建立分公司或附加生产基地，并借此搭建全球营销网络，核心生产基地仍然位于国内，其背后的驱动因素则主要是广阔的海外市场和部分政策支持。第二，我国企业在寻求与海外企业建立合作关系时显得过分依赖于政策驱动，企业自身缺少培育市场变化机制，在建立海外制造生产合作关系时更多关注国内外政府部门的扶持政策，而较少考虑企业间战略的统一性与技术的互补性。第三，制造全球化的推动需要企业自身“走出去”的意识与国家《中国制造2025》政策的合力，一方面，企业自身要认识到技术创新的重要性，不断加大企业研发制造投入，努力向新型制造业转型；另一方面，企业要密切关注国家政策“风向标”，积极与全球先进制造企业、人口红利所在国家的制造企业展开合作，实现快速转型升级。第四，技术研发合作是全球制造的不二法门，企业应积极寻求海外技术研发合作，以更高标准的合作方式，提升企业技术实力，为开拓全球市场奠定前提基础。

我国制造企业正在尝试融入全球创新网络中，初步构建的一些创新网络存在如下问题：第一，创新网络成员主要包括政府机构、高校与科研机构等，网络构成不够丰富，对用户的重视程度不高，整体结构不稳定，以成员合作周期为指标，与合作企业的合作周期低于5年的制造企业占比超

90%，此外，创新网络成员的异质性较小，因此相互之间的资源互补效果并不明显。第二，创新网络的合作方式主要集中于常规销售与短期开发，技术含量较低，目标成果较小。第三，企业在创新网络中的资源获取能力亟待提升，存在明显的资源忽视或资源浪费现象，创新网络的优化空间较大。

中国的创新实力有目共睹，中国有很多新技术都处于世界领先行列，如登月探测技术、5G通信等。目前，中国已与160个国家建立科技合作关系。中国是制造全球化的参与者、受益者，也是推动更广泛创新合作的贡献者、引领者。随着中国“一带一路”倡议在国际上不断推进，构建包括中国在内的全球创新网络，促进包括人才、技术在内的各种创新要素在全球范围内交流合作，已是大势所趋。未来，推进制造全球化与优化全球创新网络是我国制造业发展的重中之重。

5　产品标准化主导企业创新网络嵌入路径：江铃集团和奇瑞集团案例

本章主要选取了奇瑞集团与江铃集团作为研究对象，剖析产品标准化主导企业嵌入创新网络的路径以及企业构建创新网络的阶段特性，具体从结构特征、影响因素、嵌入类型与嵌入方式四方面分析企业如何融入、创建以及管理创新网络，以便更好地总结提炼出企业创新网络的一般路径。

5.1　产品标准化主导企业案例描述

5.1.1　江铃集团案例描述

1968 年 4 月，江铃汽车股份有限公司（以下简称“江铃集团”）前身——江西汽车制造厂创建，生产首批井冈山牌汽车，正式开启了造车的历史，从最初长达 16 年的亏损发展成为中国汽车行业重点骨干企业、国家汽车整车出口基地企业，期间由单点合作发展至全球多方位合作，与科研院所、世界优秀汽车企业等建立长期合作，产品销往 150 多个国家与地区，成为国际知名汽车制造品牌。

始终以品质与品牌为第一要义的江铃集团经过多年的发展，获得了突破性的发展。为了提升企业研发水平，江铃集团将“科技兴企”确立为企业的创新发展理念，在对技术创新进行摸索的过程中，建立了国家认定技术中心，为生产线与整车制造提供技术支持，实现了生产设备与生产制造完全自动化，汽车生产制造水平达到国际领先的水平。近年来，在科技的推动下，江铃集团延伸了产品线，先后推出了全顺系列、江铃系列、陆风系列、天鹿系列、晶马系列等多款汽车。六西格玛是江铃集团的王牌，一直处于行业领先地位。江铃集团发展大事记如图 5－1 所示。

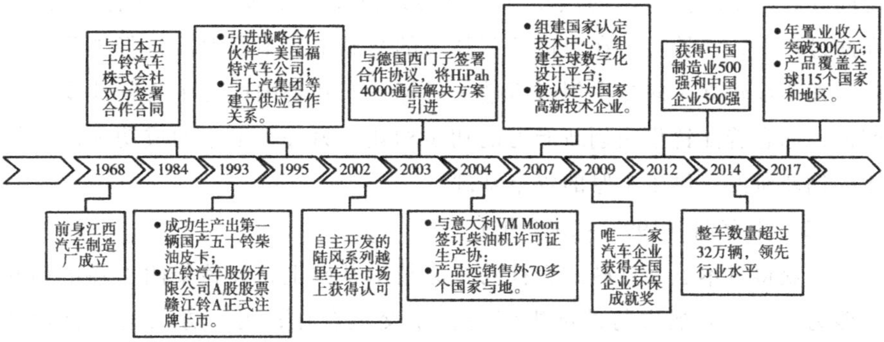

图 5－1　江铃汽车发展关键事件

数据来源：江铃汽车官方网站。

（1）孕育期（1968～1993 年）

1968 年，江铃集团的前身——江西汽车制造厂在江西省南昌市创办，其生产的井冈山牌汽车被国家采购，用于国家基础工程建设，获得了一定的发展机遇。

但自组建以来，江西汽车制造厂一直处于亏损的状态，很长一段时间里找不到发展的方向。16 年后，直到 1984 年，基于对国内市场的考察与分析，江铃集团认为国内存在“缺重少轻”的现状。江铃集团果断抓住这一时代机遇，通过引进日本五十铃技术确立轻卡汽车生产的目标，由于是国内轻卡汽车生产的先行者，江铃汽车很快成为中国重要的轻型卡车制造商，并在很长一段时间内都保持着领先的地位，“一代名车，中国江铃”也因此家喻户晓。

在对轻型卡车生产的基础上，江铃集团开始尝试发动机研发与生产，随着江铃 4J 系列发动机项目的竣工，标志着从日本五十铃技术的引进实现生产的落地，从此，先进的汽车发动机在江铃集团内大量生产。通过前期的不懈努力，江铃集团的创新能力得到提升。基于此，1993 年，江铃汽车制造厂转变为江铃汽车股份有限公司，不久，依靠自主研发生产的五十铃柴油皮卡获得了国内柴油皮卡的大部分市场。1993 年，江铃集团在深圳交易所上市，是江西省第一家成功上市的企业。

该阶段江铃集团经历了一个创业艰难的阶段，早期业务上经历了长时间的亏损，直到1984年，受到改革开放的深远影响，江铃集团从封闭逐渐走向开放，果断抓住国内汽车发展机会，积极与外部企业建立合作关系。在此过程中，江铃集团在引进外部技术的基础上，不断对其进行消化、吸收，并初步建立了向自主创新迈进的目标，尤其是国产五十铃柴油皮卡的问世，标志着江铃集团创新能力的初步构建。另外，上市的成功为江铃集团的创新研发提供了丰厚的资金基础。

（2）生存期（1994～2002年）

在获得日本五十铃株式会社的核心技术基础上，江铃集团加强市场开拓能力，一方面加大与外部组织的技术交流合作；另一方面塑造企业品牌，打造营销网络体系。1993年，江铃集团在对五十铃系列国产基础上，与长三角地区具有先进技术优势的零部件企业建立技术合作关系，保证零部件生产能力。1995年，江铃集团采用招标采购的方式，对零部件供应商进行并购整合，增强整体生产能力。2002年，江铃集团与供应商合作，陆续推出自主研发的系列汽车。

在对供应商关系处理上，江铃集团进行了两方面的尝试：第一，保留原有一线品牌供应商，淘汰供应不及时、供应产品不精细的供应商；第二，寻求对新产品开发具有促进作用的一线供应商。在此基础上，江铃集团于1995年与美国福特汽车公司达成战略合作关系，寻求强有力的供应来源。1997年，江铃集团与美国福特汽车公司合作研发出全顺商用车，并成功推向市场，确立了在柴油客车领域的独特地位。

为了进入汽车市场并占有领先地位，江铃集团建立了符合自身发展的销售、配件、服务、信息“四位一体”营销网络模式，力求在这四个方面获得同步发展。在与外部企业合作一定时间后，江铃企业已经拥有了一定的自主研发能力，并先后推出了JMC轻卡，作为国内最为耐用环保的轻卡，江铃集团获得快速增长，连续多年获得在销售领域的榜首地位。之后，江铃集团又推出自主研发的越野车，以其高性价比的优势，获得大量消费者的青睐。

该阶段，在对日本五十铃相关技术的学习、改进基础上，江铃集团开始不断尝试新的发展，开展一系列自主研发活动。一方面，江铃集团积极与外部企业建立合作关系，寻求可以学习的先进技术；另一方面，在合作的基础上，坚持内涵式发展，及时将在创新网络中学到的技术转换为自己的核心技术。另外，在打造品牌的同时，不断在国内布局营销网络体系，如先后与一汽集团、上汽集团等领先企业构建长期的合作联系，形成良好的供需体系。1995 年，江铃集团自推出商用车之后，获得更快的发展速度，一度成为柴油轻卡领域的领先者。2002 年，为了实现技术的突破，江铃集团建立以技术骨干为核心的组织团队，开发陆风系列越野车获得大量的市场份额，进一步巩固了市场地位。所以，在此阶段，江铃集团选择以市场需求为导向，建立起一定规模的创新网络。

（3）成长期（2003～2007 年）

随着汽车制造市场环境的不断成熟，国内市场难以满足江铃汽车发展的需求，为了实现企业发展迈上新台阶的目标，江铃集团迈开海外发展的关键步伐。与生存期相比，此阶段江铃汽车合作的对象更加丰富，合作的类型也更加多样。2003 年，江铃集团与世界通信巨头——西门子达成合作关系，旨在将西门子先进的 HiPath 4000① 通信解决方案移植到江铃集团进行运用，从此，江铃集团获得了快速发展。利用该通信解决方案，江铃集团加强了与全国经销商的通信，大大降低了通信成本，而且进一步扩大了经销商的数量，企业规模不断扩大。2004 年 11 月，出于对轿车研发战略布局的需要，江铃集团与长安汽车达成合作关系，共同建立了以家庭轿车研发与生产为一体的江铃控股有限公司，基于强大的资金支持，很快便推出了风尚、风华两款便捷式家庭轿车。同年，江铃继续在轻卡领域发力，自主研发的高端轻卡江铃凯运已上市，很快便被一抢而空，其产品技术达到了一个全新的高度。基于江铃集团在国内的突出贡献，2005 年，上海世界经理人年会将江铃汽车授予“25 家最受尊敬的上市公司”，是唯一一家得此殊荣的汽车公司。2006 年，经国家认定，江铃集团成为国内首批“国家整车出口基地企业”之一。很快，江铃集团成为中国轻型柴油商用汽车最大的出口商，为开拓全球市场奠定了基础。2007 年 11 月，为了进一步提升技术研发水平，江铃集团花重资组建了国家级技术认定中心，打造先

① HiPath4000 是西门子针对大中型企业的全球可用 IP 集成通信服务器。该产品是 HiPath 组合的一部分，为客户提供满足目前及未来需要的先进通信服务。

进的全球数字化设计平台，该平台可以最大化地帮助江铃提升创新能力，进而提升核心竞争力。

该阶段，江铃集团对外合作的企业数量增长明显。在保持与原有企业合作的基础上，江铃集团积极拓展创新网络的边界，与更多的结点组织展开合作。与生存期相比，该阶段，江铃集团创新网络的结点组织发生了一些明显的变化，尤其是结点组织开始囊括海外先进企业，如西门子等，促进江铃集团技术进步的同时，也推动了江铃集团全球市场的布局，加快全球销售网络的建立。除了技术合作以外，江铃集团与外部组织还通过合资的方式布局产品生产能力，如与长安汽车合作开发家庭轿车等。另外，此阶段，江铃集团也开始扩充网络成员类型，形成与高校、企业、研发机构、供应商等为一体的产学研体系。因此，在创新网络构建的成长期，江铃集团以技术支持为基础，其企业创新网络规模较大，网络强度呈现强弱关系并存态势，品牌驱动作用效果显著。

（4）成熟期（2008 年至今）

随着海外市场不断的扩展和技术合作的深入，江铃集团将企业发展战略确定为全球一流汽车制造型企业，为了实现该目标，江铃集团全力构建全球创新网络，提升企业自主创新能力。2008 年 1 月，江铃集团决定引用福特更先进的发动机以实现升级换代，其转型的方向是更加环保、智能和安全，旨在塑造国内汽车品牌新风尚。同年十月，江铃集团发动机曲轴、缸体、连杆、缸盖（简称 4C）生产线正式投入生产，生产出来的汽车不仅节能降耗，而且生产更加高效，标志着新一代柴油机成功上市。江铃集团的成功与其创新能力息息相关，尤其是自主研发能力的提升为其发展保驾护航。2009 年，基于江铃集团在行业内的突出成就，荣获了“中国汽车工业科技进步一等奖”。

2010 年，江铃集团走在国家的前面，在国家还没有正式对汽车排放做出严格要求时，江铃集团新生产卡车——凯威达到国家排放 IV 标准，在行业内遥遥领先。2010 年 12 月，在与福特前期合作的基础上，江铃集团研发的首款城市级 SUV 通过检验，并正式上市，标志着江铃集团开始从柴油轻卡向汽油轿车转型。2011 年，为了保证发展的长久性，江铃集团将创新转型确立为企业的战略目标，明文提出经济增长与创新后劲的协调统一，强调以创新带动企业健康发展。同年，自主研发的驭胜 S350 上市，获得大批消费者的喜爱，很快被销售一空，创下销量和利润的新纪录。2012年，江铃集团再次走上收购的道路，将太原重汽收购，标志着江铃集团进一步扩大企业规模的开始。2013年1月，江铃集团宣称以其自主研发的陆风系列正式进入SUV市场，为了配合这一战略目标，江铃集团在江西南昌建立生产基地，专供SUV生产。2014年，江铃集团在原有合作的基础上，进一步加大与美国福特公司的战略合作，尤其是研发上的合作。2014年9月，江铃集团宣布开始开展新能源汽车项目，旨在推动汽车生产变革。第二年，江铃集团便推出5000多辆新能源E100电动车，并成功在南昌得到推广。

2015年8月，随之江铃集团与布鲁塞尔威伯科达成合作协议，标志着江铃开始进军欧洲国家市场。作为世界领先汽车供应商，威伯科将主动为江铃集团提供技术支持，尤其帮助江铃集团在中型及以上级别的卡车布局全新的生产平台。另外，威伯科答应为江铃集团提供更加全面的综合型服务，比如江铃集团选择在欧洲等先后创建了研发团队，构建了资源与能源供应链。截至目前，江铃集团先后与日本五十铃、美国福特等八家世界五百强企业和二十多家世界优秀企业建立了合作关系，在此基础上，江铃集团在海外建立了12家运营中心，产品大致覆盖115个国家和地区。

除了与强大的外部企业与供应商合作外，江铃集团还积极与科研院所开展技术合作。2016年1月，基于前期长时间的合作，江铃集团与华中科技大学、华工激光工程、神龙汽车、安徽江淮汽车、上海通用汽车、武汉法利莱切焊系统工程、湖北中航精机科技等多家高校企业完成了“汽车制造中的高质高效激光焊接、切割关键工艺及成套装备”，这标志着江铃集团较好地解决了汽车制造设备生产的难题，基于这项技术的先进性，江铃集团获得了国家科技进步一等奖，这是科技最高奖项，使得江铃集团在激光焊接、切割关键工艺及成套装备生产方面达到了高水平，也使得我国汽车制造激光智能焊接、切割等达到了世界领先的水平，成为我国汽车制造领域一个具有划时代意义的转折点。该项项目具有强大的技术创新能力，外延性较强，不断延伸出新的技术，并共获发明专利26项，实用新型39项，软件著作权2项，形成地方和企业标准3项。

该阶段江铃集团合作的创新网络结点组织明显增多，无论是在数量还是在种类上都取得了进步，另外，江铃集团与海外企业不断加强合作，增强了创新网络的国际化程度。如与威伯科的供货合作关系增强了江铃集团的生产水平，因为威伯科作为世界领先的供应商，可以为江铃集团布局欧洲、巴西和土耳其的全球研发团队提供更加全面的合作与服务。江铃集团与美国福特公司的合作关系更为紧密，帮助江铃集团攻克了很多关于轿车设计的难题。另外，除了和外部组织合作之外，江铃集团与科研院所和高校的研发合作取得突破性的进展，获得国家级科技奖励，标志着其技术实力达到了足够的发展高度。因此，在创新网络构建的成熟期，江铃集团选择以平台支持为基础，与大多数企业机构之间的合作越来越紧密，时间越来越长，合作的次数逐步增加，产品驱动作用显著。

5.1.2 奇瑞集团案例描述

奇瑞汽车股份有限公司（以下简称“奇瑞集团”）成立于1997年1月8日。自成立以来，奇瑞集团坚持以自主研发为目标，始终坚持建立属于自己的研发体系。截至目前，奇瑞将自主研发生产的汽车及相关产品销往80多个国家及地区，先后打造了艾瑞泽、瑞虎、QQ和风云等响亮的产品品牌①。另外，奇瑞掌控的两家合资公司先后推出了观致、捷豹、路虎等品牌。截至2018年，奇瑞一举成为第一家销售量超600万辆的乘用车企业品牌，包括125万辆出口车辆，并连续14年以第一的位置保持着众多乘用车的销售记录。

据统计，遵循生产基地与市场临近的原则，奇瑞集团在国内外各地区建立了14个汽车生产基地，拥有大概800亿元资产，各类员工近2万余人，超过三分之一的为技术研发人员，包括1200多名博士、硕士、海外归来人员等多样的高层次人才。另外，奇瑞集团先后引进国外知名专家与管理者大概300多人；中组部“千人计划”16人；“国务院特殊津贴”7人；“国家友谊奖”专家2人；以及多位安徽省“黄山友谊奖”“百人计划”“外专百人计划”获得者。

自成立以来，奇瑞集团非常关心企业自主创新能力的发展，不断加大研发投入，试图以创新能力的提升带动企业的发展，成为一个创新型品牌

① 数据来源：奇瑞集团官网（https://www.chery.cn/）。

企业。比如，奇瑞集团在对正向开发结构开发的基础上，建立了上海技术中心和芜湖汽车研发中心，形成关键部件、整车生产为一体的完整汽车研发与生产体系。在自主创新的推动下，奇瑞集团在汽车关键生产技术上取得了不错的成绩，并带动了相关技术的全面发展。截至2016年年底，奇瑞集团累计申请专利14316件，授权专利9155件。

成为“国际一流品牌”是奇瑞集团的战略目标，基于此目标，在“无内不稳，无外不强”发展理念的推动下，奇瑞集团将产品积极推出国门，开拓海内外市场，成为我国第一个将整车、零部件等出口到海外的汽车公司。现在，奇瑞集团全球市场初步构建完成，提高产品与技术、工厂以及品牌的海外发展速度。在走出国门的基础上，奇瑞集团通过“三大战略（产品战略、属地化战略和人才战略）”加大对海外市场的进一步发展，致力于将奇瑞汽车打造为全球汽车品牌。基于奇瑞集团在海外市场的优良业绩，奇瑞集团2015年、2016年连续两年荣获中国“最佳海外形象企业”荣誉称号，并蝉联汽车制造业第一位。奇瑞集团的发展大事记如图5－2所示。

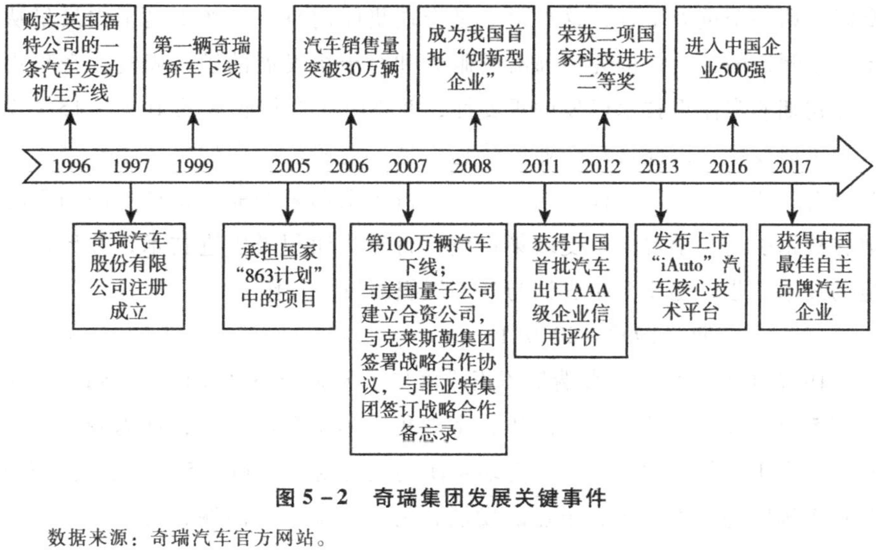

图5－2 奇瑞集团发展关键事件

数据来源：奇瑞汽车官方网站。

（1）孕育期（1991～1996年）

20世纪90年代，中国经济逐渐复苏，带给众多企业发展信心与期盼。1991年，安徽省发生特大水灾灾害，省政府为做好灾后恢复工作，提出

“开发皖江，呼应浦东”的经济发展战略，并部署汽车产业布局，以实现“汽车城”的经济发展目标。1992年，安徽芜湖一家村办工厂一年近亿的利润使得苦于经济落后的地方政府领导人更加坚定了做汽车的信心，于是由政府牵头，战略性地部署与一汽集团的合作规划，虽然由于种种原因，合作最终并没有达成，但这次合作意识与部署为企业进军汽车制造行业做足了铺垫。

1994年，国务院批准发布并实施《汽车工业产业政策》，旨在推动国内家庭轿车的生产与消费，在这一政策的刺激下，奇瑞集团顺势抓住时机，选择进军国内轿车“低端非消费市场”，突破中外合资与国际汽车品牌在国内轿车市场的防线。为了寻求汽车制造更为先进的技术，1995年，奇瑞集团在与安徽省政府人员一同前往欧洲考察过程中，得知英国福特的一条发动机生产线要出售，相关人员立马着手与福特公司的交流与谈判。最终，于1996年以2500万美元的价格购得该条生产线。为了能更好地运用该生产线，政府邀请时任一汽大众的车间主任尹同跃全力组建安徽省汽车零部件有限公司，并将此称之为“951工程”，即安徽在“九五”规划期间的第一个重大工程，这算得上是奇瑞集团前身。虽然不是国内最早从事汽车制造的企业，但凭借前沿的眼光和对市场发展的敏锐嗅觉，奇瑞集团在初期非常注重技术研发的重要性，并将每年销售收入的10%~15%投入技术研发中，以此带动企业的快速发展。此阶段，奇瑞集团创新网络中与之有正式合作的单位仅美国福特和一汽大众两家企业，奇瑞集团的重心放在技术引进与学习上。受政策影响，奇瑞集团积极引进技术，并形成一定的技术积累，逐步开始尝试与外部组织的技术合作。

（2）生存期（1997~2000年）

1997年1月8日，奇瑞集团正式落户于芜湖经济开发区，得到市政府下辖5家投资公司的注资。同年，奇瑞集团的整车厂完工，标志着企业拥有了整车生产的能力。此时，奇瑞集团的人员规模达到了50多人。但资金与技术等问题一直困扰着企业的发展，为了解决这一问题，奇瑞集团开始承接一些外包业务，并对资本进行原始积累。为了形成一定的研发水平，奇瑞集团选择对全球先进的汽车生产线进行引进、学习，并模仿现有车型，进行一定的改进。另外，奇瑞集团积极选送技术人员前往世界各地参加国际研发项目，以人才建设带动企业技术研发水平。

在此基础上，1999 年，奇瑞集团选择与外包公司佳景公司和台湾福臻模具公司两家企业合作研发设计。同年，奇瑞集团研发制造的第一辆汽车上市，首次向市场推出 2000 辆轿车，销售情况良好。为了进一步扩大规模，获得汽车制造技术，吸纳更多的资本，奇瑞集团于 2000 年与上汽集团进行合资，并建立长期合作关系，共同开发出奇瑞 QQ、东方之子和旗云三款车型，获得较好的收益。此阶段，奇瑞集团创新网络结点组织有所增加，但增幅不大，与企业合作的组织达到 5 家之多，技术合作与服务外包是该阶段的主要对外合作方式，合作时间因组织差异而有所不同，有长有短。在与美国福特公司的合作中，奇瑞集团选择以购进的方式获得海外先进的技术或者生产线，但不到一年的时间便结束了合作。相比之下，奇瑞集团与台湾福臻模具公司的合作时间则比较长，不仅与奇瑞集团联合设计首辆轿车的车身，为更好地掌握模具制造技术还与其共同出资建立了一个模具公司。

（3）成长期（2001～2005 年）

2001 年中国加入世界贸易组织（WTO），加速了国内经济的发展，也为我国汽车产业的发展带来了新的契机。2001 年，奇瑞集团向叙利亚出口第一批轿车，正式开启“走出去”的战略。同年，为了解决汽车生产许可证的问题，奇瑞集团选择以成员的身份加入上汽集团，并由此改名为上汽奇瑞，尽管合作时间较短，但与上汽集团的合作使得奇瑞集团获得了更大的发展机会以及更大的市场占有率。一方面，为了长远的发展，奇瑞集团积极布局全球市场，先后与巴西、委内瑞拉、阿根廷等国家与地区开展生产与销售合作。在与原有企业合作的基础上，奇瑞集团从国内市场出发，不断提升研发能力，构建完善的研发体系，旨在提升企业的制造能力，如从 2002 年开始建立博士后科研工作站、工程研究院等，并与国内知名科研院所进行密切合作。另一方面，坚持开放创新，自主打造国际品牌。

2004 年 1 月，奇瑞集团与伊朗的 MVM 公司[①]签订 CKD（complete knocked down）全散件组装项目合同，标志着其海外投资建厂的开端。CKD 公司的建立，大大降低了企业的生产成本，更是企业踏进国际市场重

① 伊朗莫迪兰汽车制造有限公司（简称“MVM 公司”），2009 年，奇瑞集团抓住机遇，成功收购 MVM 公司股权，成为最大股东，正式进入伊朗市场。

要一步。自此，企业与外商合资企业建立合作关系的项目越来越多，如俄罗斯的Autovaz公司、马来西亚的Alado公司等。

2005年，奇瑞集团承担了国家“863计划[①]”中的多个项目，开始尝试电动轿车与混合动力型轿车研发生产，这是奇瑞集团利用自身技术进行汽车研发生产的第一步，也是关键的一步，因为这将关系到企业自身的名誉与品牌的建立，好在奇瑞汽车拥有足够的底气与实力开发项目，建立了良好的企业形象（孙启贵和刘世芳，2014）。

此阶段，奇瑞集团为了能够建立自主品牌，以品牌效益进一步与更多的网络结点组织建立合作关系，增强结点间的关系，网络规模不断扩大，呈现强弱并存的状态。

（4）成熟期（2006年至今）

此阶段，奇瑞集团逐渐加强国际合作，吸收与整合海外技术资源与能力，实现国际化与多元化发展目标。该阶段的战略目标是塑造国际知名品牌，提高产品影响力与知名度，主要体现在以下几个方面：

第一，为了完善销售渠道，奇瑞集团在海外建立工厂，减少海外工厂与市场的距离。截至目前，奇瑞集团先后在80多个国家与区域建立了销售网点，销售整车及相关零部件，出口车辆累计达到120多万辆。另外，奇瑞集团在全球建立了14个生产基地，售后服务站点900多家，以保证生产与销售、售后等服务一体化。

第二，为了获取与整合上下游供应链资源与技术，奇瑞集团加大与供应商合作的力度，实现与供应商协同发展。为了推动与供应商的合作与双方协调管理，奇瑞集团先后出台了《供应商业绩考核管理办法》《供应商业绩考核管理体系》等供应商管理制度，在确保供应有序的条件下，保证供应商能提供保质保量的货物。截至目前，奇瑞集团最大的供应商企业，每年都会以大会的形式感谢所有供应商，以保持与其长久的合作关系。

第三，为了提升在行业中的设计研发能力，奇瑞集团建立并培养企业自身的设计团队。2012年1月，奇瑞集团与高级设计师James Hope达成合

① 即国家高技术研究发展计划。1986年3月，王大珩、王淦昌、杨嘉墀、陈芳允四位老科学家给中共中央写信，提出要跟踪世界先进水平，发展我国高技术的建议，得到邓小平同志的批示。

作协议，在 James Hope 的帮助下，奇瑞集团建立汽车外形设计团队，先后推出了开瑞、旗云、瑞麟等品牌车型，设计能力逐渐达到全球领先水平。

第四，为了提升企业整体研发水平，提高企业核心竞争力，奇瑞集团加强与高校、科研院所的技术研发合作。2010 年开始，奇瑞集团开始布局企业研发体系，先后与合肥工业大学、中国科学技术大学等科研院校以及江淮、安凯等汽车生产企业建立合作关系，旨在推动奇瑞集团在新能源领域的探索与发展。

第五，除了与国内科研机构与企业建立合作关系，奇瑞集团还积极探索与海外技术研发中心与知名企业的合作，以快速形成企业核心竞争力。比如，奇瑞集团先后与克莱斯勒、菲亚特、富士重工等企业建立制造工厂与销售渠道。2015 年，奇瑞集团单年出口车辆达到 6.7 万辆，这一数量达到全国总数量的 10%。在全球汽车发展不景气的情况下，奇瑞集团依靠其坚强的战略目标，始终保持着不错的发展态势，逐渐成为具有全球竞争力的国际化知名品牌。

5.2 产品标准化主导企业创新网络嵌入案例分析

5.2.1 产品标准化主导企业创新网络嵌入结构特征

一般而言，企业创新网络结构包括网络规模、关系强度、成员集聚性以及稳定性等方面（Granovetter，1973）。网络规模是指网络系统中所有行为者的总和，即企业创新网络成员的数量。网络规模由网络结点构成，网络结点数量越多，网络中所包含的行为者越有可能产生紧密合作关系，因此，网络结点成员数量越多，网络规模越大，形成的关系随之更强，对于企业来说可供选择合作的成员也会更多（唐青青等，2018）。Barmey（1991）指出网络结点组织的增多不仅意味着企业在网络中拥有更广泛的关系强度与规模效应，还应当充分考虑网络中各成员的异质性。成员异质性指数是指网络成员资源互补性的程度，拥有不同资源的成员数量越多，网络中蕴涵的资源更加丰富，随着网络的成熟，网络本身甚至可以创造大量的资源，促进成员间建立更为紧密的联盟体系（连远强和刘俊伏，2017）。同时，随着创新网络规模的扩大，网络中的成员关系随之加强，从而提升了网络间互补性资源获取的可能性。虽然江铃集团和奇瑞集团在全球制造网络成员中所属企业类型存在差异，但是由于他们属于相同的产业领域，且都属于产品标准化主导企业，二者的企业创新网络嵌入过程具有一定相似性的特征表现。本研究从网络规模、关系强度、成员异质性指数三个角度归纳总结我国制造企业在不同发展阶段的网络嵌入结构特征。江铃集团与奇瑞集团的网络成员如表 5 – 1 所示。

表 5 – 1　　　　江铃集团与奇瑞集团网络成员

		江铃集团	奇瑞集团
网络成员数量	孕育期	1	1
	生存期	3	4
	成长期	6	7
	成熟期	8 家世界五百强企业和 20 多家世界优秀汽车企业	12 +
网络主要成员	孕育期	日本五十铃株式会社	英国福特汽车公司
	生存期	• 日本五十铃株式会社 • 美国福特汽车公司 • 上汽集团	• 英国福特汽车公司 • 佳景公司 • 福臻模具公司 • 一汽 – 大众汽车有限公司
	成长期	■生存期所有网络成员 ■德国西门子 ■意大利 VM Motori	■生存期所有网络成员 ■上汽集团 ■奇瑞博士后科研工作站 ■伊朗 MVM 公司等
	成熟期	➢成长期所有网络成员 ➢太原长安重型汽车有限公司 ➢欧洲、土耳其和巴西的全球化技术工程团队 ➢高校研究机构	➢成长期所有网络成员 ➢巴斯夫涂料部等四家国外供应商 ➢欧洲外观设计工作室高级设计师 James Hope ➢两家科研院校 ➢广汽集团 ➢克莱斯勒、菲亚特、富士重工等

资料来源：根据江铃集团与奇瑞集团官网数据整理。

从表5－1可以看出，江铃集团与奇瑞集团网络成员数量在企业创新网络发展的四个阶段过程中均呈现上升趋势。孕育期，受限于企业发展实力与影响力，二者更多的是寻求能带来生存可能性的网络合作伙伴，主要网络成员数量为1。生存期是企业的关键期，在加强与孕育期合作成员关系的基础上，江铃集团与奇瑞集团分别通过市场渗透、技术合作的方式建立与上下游企业的合作关系，江铃汽车的创新网络成员数量达到3家，奇瑞集团的创新网络成员数量达到4家。成长期是企业快速发展的转折期，江铃集团与奇瑞集团均通过品牌创建的方式寻求更大规模的创新网络体系，构建包括海外企业在内的全球创新网络，此阶段，江铃集团的创新网络成员数量增至6家，并且增加的两家海外企业实力非常雄厚，属于世界五百强企业，奇瑞集团的创新网络成员数量增至7家，将科研机构融入其中，提升了创新网络成员的丰富性与多样性。成熟期是企业构建新发展的阶段，江铃集团与奇瑞集团在此阶段的主要动作不一，江铃集团通过自主创新的方式，融合国内外先进技术，取得一系列创新成果，创新网络成员数量为8家世界五百强企业和20多家世界优秀汽车企业；奇瑞集团通过合作联盟的方式，加强国际合作交流与学习，构建实力更为强大的创新网络体系，网络成员数量为12+。

网络主要成员方面，江铃集团与奇瑞集团呈现着相同的趋势，最初网络成员十分有限，虽然与实力雄厚的企业建立了合作关系，但基本上属于初级的技术引进，如生产线的购进等。生存期，江铃集团与奇瑞集团的网络主要成员有所增多，且与国内外企业建立了合作关系。成长期，江铃集团创新网络中的成员实力前所未有地增强，与多家世界500强企业合作；奇瑞集团的创新网络首次容纳科研工作站，形成企业与科研院所为一体的创新网络，创新网络成员不断增多。成熟期，江铃集团与奇瑞集团创新网络中的成员包括了世界顶级企业、中小企业、科研院所等，网络成员丰富多样，促进江铃集团与奇瑞集团和网络成员间合作关系的多样化。

（1）产品标准化主导企业创新网络结构阶段特征

基于表5－1的分析，我们可以得出江铃集团与奇瑞集团创新网络的结构特征，如表5－2所示。

表 5-2　产品标准化主导企业创新网络嵌入结构特征比较分析

案例	江铃集团	企业特点	非核心企业
	奇瑞集团		核心企业
发展阶段	网络嵌入结构特征		
	网络规模	关系强度	成员异质性指数
孕育期	很小	弱关系	很低
生存期	较小	弱关系为主	较低
成长期	较大	强弱关系共存	较高
成熟期	很大	强关系为主	很高

资料来源：根据本研究推导。

孕育期，江铃集团与奇瑞集团创新网络成员的数量十分有限，形成的创新网络规模很小。一般而言，创新网络规模与网络成员的关系强度成正比，很小的网络规模决定了江铃集团与奇瑞集团在创新网络中的关系为弱关系。同时，网络规模和网络成员的关系强度共同作用，决定了创新网络中成员的异质性指数，所以江铃集团与奇瑞集团在该阶段的成员异质性指数可以用“很低”的程度来表示。

生存期，江铃集团与奇瑞集团突破原有创新网络的限制，与上下游相关企业进行技术合作，网络成员数量有所增多，形成的创新网络规模也有所扩大，但仍然较小。较小的网络规模形成以弱关系为主的网络成员关系强度，成员间彼此的关系依旧较为松散。进而，企业在构建的创新网络中能获得的互补性资源仍然有限，成员的异质性指数较低。

成长期，江铃集团与奇瑞集团发生根本性的变化，创新网络成员分别囊括世界顶级企业和科研机构、中小企业等，成员数量增长明显，创新网络规模较大；企业与其他企业或组织形成以技术交流与合作为主的关系体系，彼此的关系较为亲密，呈现强弱并存的关系强度；同时，创新网络中的成员拥有较多的互补性资源，成员的异质性指数可以用“较高”来表示。

成熟期，江铃集团与奇瑞集团在前一阶段的基础上，实现更为突破性的发展，创新网络中的成员数量更多，成员实力更强，网络规模很大。创新网络中的成员关系程度不断增强，呈现“强关系为主”的特征。同时，创新网络中的成员类型多样，能为企业提供更多的互补性资源，成员的异质性指数可以用“很高”来表示。

结合表5-1和表5-2的分析，我们发现，中国汽车制造企业创新网络成员在不断增多的同时，企业在创新网络中获得的创新能力也不断增强。关系强度表示企业与创新网络中的成员关系紧密程度，从表5-2可以看出，我国汽车制造企业与创新网络成员通过合作实现共赢的机会不断增多，彼此的联系也越来越紧密，但从另一方面也说明了企业为了维系与成员关系所花费的成本也在不断提升。网络成员异质性的高低说明了企业在创新网络中与其他网络成员在特征与属性上存在的差异性，由表5-2可以发现，我国汽车制造企业与不同类型的企业建立了合作关系，即企业在创新网络中与其中的成员存在一定的差异性，企业在创新网络中获取的创新资源也越来越丰富，为企业创新能力的发展提供支持。

（2）产品标准化主导企业创新网络结构整体特征

借助社会网络分析软件UCINET6，本研究对产品标准化主导企业创新网络最终结果进行了可视化分析（如图5-3和图5-4所示），并对创新网络整体结构特征进行了测量（见表5-3）。

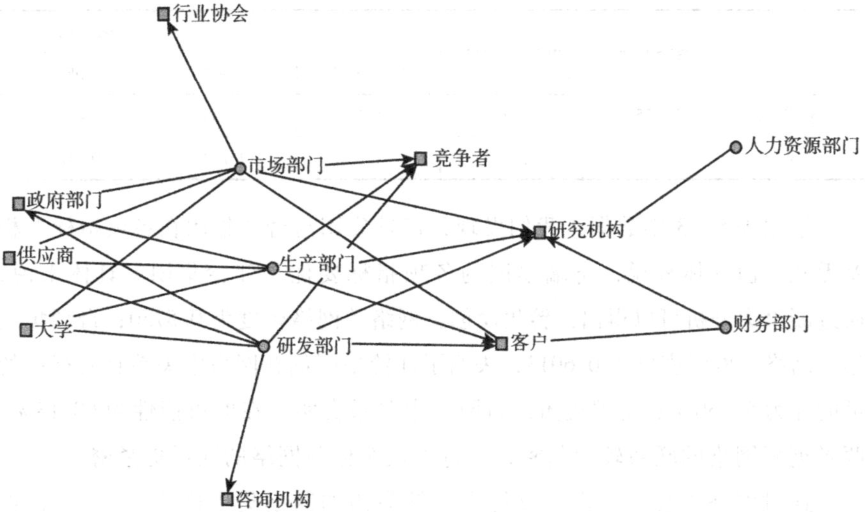

图5-3 江铃集团创新网络社群图

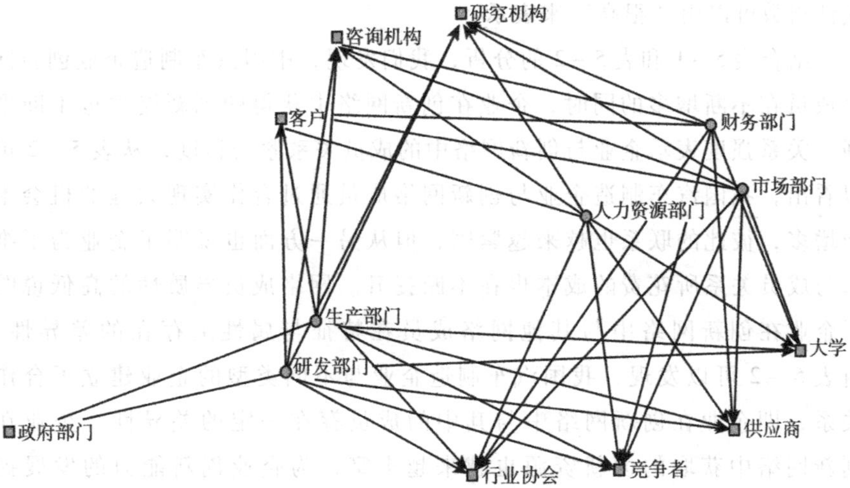

图5－4　奇瑞集团创新网络社群图

图5－3和图5－4中圆形结点代表企业内部各部门，正方形代表与企业有创新合作关系的外部企业或组织。

表5－3　　产品标准化主导企业创新网络结构特征参数

企业	网络密度	网络集中度	网络效率		标准参数
			平均距离	紧密度	标准差
江铃集团	0.5750	39.76%	1.6	0.751	0.4943
奇瑞集团	0.6013	41.12%	1.5	0.791	0.901

根据表5－3中数据，我们发现，江铃集团与奇瑞集团在各项指标上相差无几，但整体来说，奇瑞集团的各项指标要优于江铃集团。具体来说，通过凝聚力分析可以得出江铃集团创新网络的网络密度为0.5750；奇瑞集团创新网络的网络密度为0.6013，表明了江铃集团创新网络中关系真实存在的可能性为57.50%；奇瑞集团创新网络中关系真实存在的可能性为60.13%，两者创新网络的联系较为紧密，但奇瑞汽车创新网络的联系更紧密。

通过网络中心度分析可以得出江铃集团的网络集中度为39.76%；奇瑞集团的网络集中度为41.12%。网络集中度的大小意味着企业创新网络集中化程度，表明江铃集团创新网络接近于绝对中心化的星形网络的概率为39.76%，奇瑞集团便为41.12%。结合标准化系数0.4943和0.901，说明江铃集团和奇瑞集团创新网络中各组织差异较小，两者处于较为中心的网络位置。相比之下，奇瑞集团创新网络比江铃集团创新网络组织成员实力差异更小，奇瑞汽车更处于中心的位置。

通过网络效率分析，可以得出江铃集团创新网络的平均距离为1.6，紧密度为0.751，表明了江铃集团创新网络的平均距离约为1.6，也就是创新网络中最弱路径的距离约为1.6，并在75.1%的可行性下构成了完全联系的网络。奇瑞集团创新网络的平均距离为1.5，紧密度为0.791，表明了奇瑞集团创新网络的平均距离约为1.5，即创新网络中最弱路径的距离约为1.5，并在79.1%的可行性下构成了完全联系的网络。所以，相比之下，奇瑞集团构建了比江铃集团联系更为紧密的创新网络。

同时，借助社会网络分析软件UCINET6，我们对产品标准化主导企业创新网络中行为主体的位置特征进行了分析得到如表5-4所示的结果。

表5-4　产品标准化主导企业创新网络中行为主体的位置特征

行动主体	Freeman度数		标准Freeman度数		接近性		标准接近性		中介性		标准中介性	
	江铃集团	奇瑞集团	江铃集团	奇瑞集团	江铃集团	奇瑞集团	江铃集团	奇瑞集团	江铃集团	奇瑞集团	江铃集团	奇瑞集团
市场部门	12	20	14.77	28.33	14	13	100	75	11.35	14.36	9.25	12.63
研发部门	35	55	45.34	70.23	13	15	85	100	12.27	19.26	8.94	14.28
生产部门	11	15	13.15	16.96	21	19	78.95	69.87	7.09	7.52	6.84	6.95
财务部门	1	6	2.33	8	12	11	23	25.56	0	0	0	0
人力资源部门	2	5	3.93	7.52	7	5	30	35	0	0	0	0
大学	20	33	28.33	43.23	25	30	80.99	95.96	10.02	13.75	7.53	10.27
竞争者	25	36	31.25	46.51	23	27	70	80.06	2.25	3.12	0.25	1.02
供应商	29	46	40.79	52.24	10	14	65.21	78.24	1.31	2.11	0.65	0.78
客户	39	56	50.26	72.58	25	32	79.02	78.15	0.31	0.84	6	7.21
研究机构	25	41	31.25	51.47	30	35	85.54	90.21	11.25	15.27	8.05	9.26
政府部门	15	15	16.96	16.96	10	10	25.26	25.26	0	0	0	0
咨询机构	12	6	14.12	7.96	13	10	21.97	26.09	0	0	0	0
行业协会	2	5	3.93	7.52	5	7	11.09	19.02	0	0	0	0

首先，通过对Freeman度数进行分析，本研究发现江铃集团创新网络

中度数最大的4个行动主体分别为：客户、研发部门、竞争者和研究机构。奇瑞集团创新网络中度数最大的4个行动主体：客户、研发部门、供应商和研究机构，这些行动主体既来自企业内外部，在创新网络中与其他组织拥有最多的联系，促进了与其他组织的信息交流、资源共享等。

其次，通过接近性分析，本研究发现江铃集团创新网络中研究部门、大学、客户是接近性最高的行动主体，它们与其他行动主体之间存在更为直接的联系。而奇瑞集团创新网络中接近性最高的行动主体分别为研究机构和客户，它们在创新网络中与其他行动主体之间存在更为直接的联系，其次是大学和生产部门。

最后，通过中介性分析，本研究发现江铃集团创新网络中中介性最高的行动主体分别是研发部门和市场部门，它们都来自企业内部，其次是研究机构和大学，它们来自企业内部；而奇瑞集团创新网络中研发部门和研发机构是中介性最高的两大行动主体，其次是市场部门和大学。中介性越高的行动主体代表着在创新网络中越有可能承担着中间联系人的角色，也更有利于获取创新网络中的资源与信息。

5.2.2 产品标准化主导企业创新网络嵌入影响因素

嵌入创新网络的过程从本质上来看，是一个系统性与动态变化的过程，这一过程受到多种推动力的影响，在一定程度上取决于创新网络中各创新主体的协同程度，最根本的原因在于创新网络中各主体间的创新能力以及对创新实践的探索（Gardet & Fraiha，2012）。因此，我们将从动态演化的视角去剖析企业创新网络嵌入的影响因素。

从内部动力方面来看，信用机制、资源协同、学习机制以及利益共享是影响企业创新网络嵌入主要的四个内在因素（Koka & Prescott，2006；石乘齐和党兴华，2013）。具体来说，企业创新网络成员在网络中进行信息、技术、资源能力等共享，需要各成员间达到相互信赖的程度，利用良好的信用机制来降低在网络中不利的地位。处于新经济发展形势下，各创新网络之间的联系也应该遵守一定的信用协议机制，规避某些机会主义带来的合作共享问题，形成良好的信任、沟通、承诺与合作是促进创新网络完善的主要动力。所以，企业之间的信任关系对企业创新网络的形成与完善起到关键的作用，是直接影响因素之一。创新网络中的成员组织在一定程度上存在资源差异性，一般需要花费很长的时间来完成自主创新。然而，企业一旦加入或者建立创新网络，企业可以在创新网络中有序地交换创新所需的资源与能力，较好地实现与创新网络成员资源互补，以更好地实现创新，又能较好地降低独自创新引起的高成本、高风险。在创新网络中，创新组织之间的协同创新意愿越强，越有可能在创新网络之间达成资源沟通与交流的机会，越有可能构建功能更加完备的创新网络体系，从而越有可能促进创新资源的共享，推动企业创新能力的提升。形成良好的资源协同机制，构建良好的伙伴资源体系，对合作伙伴的资源进行合理评估与利用，提高彼此之间的资源匹配程度，更有可能形成较高的资源协同，实现自主创新。除了形成良好的资源利用机制，企业在构建创新网络过程中还应该对资源分配进行合理调度，这是一个反复的过程，在这一过程中难免会发生一些因资源分配不均而产生的利益冲突问题，企业在构建创新网络过程中应该根据各创新结点组织的差异与需求对资源分配进行综合考虑与分析，尽可能地构建一个较合理、公平的资源分配机制，以调动结点组织在创新网络中的创新积极性与资源共享的意愿性。所以，资源协同也是影响企业创新网络构建与完善的一个重要因素。在创新网络中，一旦核心企业确定下来，各成员主体为了获得更多的互补性资源，会主动与核心企业建立合作关系，在核心企业的带动下，各成员企业在创新网络内部进行各种资源的交换与学习，促进资源在内部的快速流通，增强企业在面对不确定性时的应对能力。在创新网络中，企业进行相互学习的目的真实地反映了企业为实现创新能力的提升而主动向合作伙伴学习技能与知识等意愿，这些意愿可以以动机、态度等方式呈现出来，很容易被观察出来，以便其他企业了解其学习目的，如江铃集团向日本五十铃表达了技术学习意愿，后者便很快与之达成了合作关系。随着企业创新网络的构建与演变，创新网络中各成员主体之间的合作也逐渐由单向演化为多向，资源共享与知识学习成为创新网络中最常见的形态与活动，一般情况下，创新网络中组织的相互依赖程度或者忽视利益共享的重要性，都会对企业资源利用产生一定的负面影响，进而不利于企业创新能力的提升。当今社会，市场中的技术层出不穷，市场需求变化莫测，企业竞争与日俱增，如何在创新网络中获得一席之地，甚至成为核心企业，关乎着企业的未来。不可否认的是，在创新网络中，由于各成员扮演着不同的角色，因此各成员在创新网络中获得的资源与承担的风险也会存在一定的差异。从利益相关者角度出发，创新网络中各结点组织进行某种行为，其根本出发点在于对利益的关注，并利用在创新网络中的位置与权力等尽可能地使其利益得到很好地满足。从本质上来说，企业间的利益关系对企业创新网络的构建与完善起到关键的作用，企业需要尽可能地在网络中满足利益需求，以达成长期创新合作的可能性。

外部动力方面，宏观调控与市场需求对企业创新网络会产生一定的影响（Venkatraman & Lee，2004；田钢和张永安，2008）。具体来说，当国家对法律与经济政策进行调整的时候，企业创新网络的形态也会产生一定的影响，良好的创新网络构建与演化过程需要社会建立良好的政治经济环境，为其发展提供稳定的外部环境。而且，国家通过一系列的资助项目或者科研活动帮助企业整合各种资源实现对创新网络的构建，正是基于政策对企业创新技术基础设施的投入与企业创新网络构建环境的形塑与保护，加上创新网络组织之间的有效互动，为推动企业创新能力的提升起到重要的作用。另外，国家政府本身就是企业创新网络的一个重要结点组织，企业在构建创新网络过程中会努力与政府达成政策合作关系，政府会综合考量企业的实际情况，为企业提供某些合理合法的政策扶持，企业也会因为政策扶持推动政府相关政策的实践，促进企业更快捷有效地完成创新网络构建。所以，外部政策对企业创新网络的构建与完善起到关键的作用。另外，市场需求也会对企业创新网络嵌入产生影响，企业根据市场需求谋求技术创新能力的提升，一旦自身没有较好的资源形成创新网络，企业可以通过加入或构建创新网络获取某些创新资源，以便抓住市场机会，快速占领空白市场。同时，市场需求也是不断发展变化的，企业需要及时根据市场变动做出相应的调整，包括对创新的调整，进而决定了企业以何种方式在创新网络中发挥作用。所以，不可忽视的是，市场需求也影响到企业创新网络的构建与完善。

内外部两方面影响因素作用下，企业创新网络随着企业成长阶段的不同发生着一定的变化，成员数量与成员类型也会发生着一定的变动，即企业创新网络一直处于不断演化的过程中，企业在构建创新网络之前，需要识别清楚企业可能会受到哪些因素的影响。在构建创新网络之后，同样需要识别哪些因素会对企业创新网络的完善起到关键的作用，这将直接关系到企业创新能力的提升。

基于江铃集团与奇瑞集团两个企业案例的分析，可以发现在企业的不同成长期，我国汽车制造企业创新网络嵌入的影响因素有差异，具体如表 5－5 所示。

表 5－5　我国制造企业创新网络嵌入影响因素比较分析

案例	江铃集团	奇瑞集团
企业类型	非核心企业	核心企业
发展阶段	影响因素	
孕育期	学习机制、市场需求	宏观调控
生存期	利益共享	学习机制
成长期	信用机制、宏观调控	资源协同、市场需求
成熟期	资源协同	信用机制

资料来源：根据本研究推导。

从表 5－5 中可以看出，在孕育期，非核心企业江铃集团创新网络的构建受到市场需求和学习机制这两个影响因素的推动。当时，江铃集团抓住国内轻卡市场需求的机会，通过与日本五十铃的合作，掌握轻卡生产技术，进入中国皮卡汽车市场。核心企业奇瑞集团创新网络的构建受到国家宏观政策的推动。当时，奇瑞集团在政府的推动下，引进生产线，并正式开始轿车的研发生产，并逐渐构建起创新网络。

在生存期，江铃集团通过海内外合作方式扩大了创新网络规模。江铃集团在与国内品牌企业（如上海大众）、供应商（如一汽大众）合作的基础上，与美国著名汽车公司福特建立长久合作关系，受益于此，江铃集团在汽车生产上获得快速发展，构建起更大规模的创新网络。所以，此阶段，影响江铃集团创新网络的是利益共享。此阶段，奇瑞集团在技术与资金上都存在一定的危机，为了解决这一危机，奇瑞集团选择以业务外包和合作生产的方式学习外部先进技术，然后再进行模仿创新，满足自身发展需求，因此，此阶段，学习机制影响着奇瑞集团创新网络的嵌入。

在成长期，信用机制与宏观调控是影响江铃集团创新网络的主要因素。具体而言，此阶段，江铃集团成功推出了高端轻卡，逐渐演变为品牌汽车制造企业，获得市场认可。在扩大国内销售渠道的同时，江铃集团将产品出口到国外多个国家与地区，积极拓展全球汽车市场。另外，受国家政策的影响，江铃集团创办了国家技术认定中心，旨在提升整体研发水平，获得了国家的大力支持。此阶段，资源协同与市场需求是影响奇瑞汽车最关键的两个因素。具体而言，奇瑞集团为了更好地进入市场选择与上汽合作，以满足市场需求。同时，为了满足海外汽车需求，奇瑞集团与巴西、阿根廷等国家与地区进行了销售与生产合作，将汽车卖到了国外，企业创新网络成员也随之增多。

在成熟期，资源协同是影响江铃汽车创新网路嵌入的主要因素。此阶段，江铃集团注重对各方资源的吸引与整合，因此与海内外供应商、科研院所等建立战略合作关系，拓展创新网络的边界。信用机制是影响奇瑞集团创新网络最主要的因素，此阶段，奇瑞集团实施国际化与多元化战略，积极开拓国外市场，逐渐成为国际知名品牌，建立了良好的信用机制。

5.2.3 产品标准化主导企业创新网络嵌入类型

创新来源于对关键知识的利用与整合，快速有效地获取创新所需的知识，并对其加以整合利用是企业获取创新能力的关键。不同的创新网络嵌入类型对知识获取与整合起到不同的推动作用，只有识别与选择合理的嵌入类型，才有可能实现对创新活动的有效管理。企业创新网络的嵌入就是对不同知识进行获取与整合的过程，在这一过程中，企业可能会形成不同的嵌入类型，以便获得更多的创新知识。面对日益复杂的创新与市场环境，企业依靠自身的知识与资源进行创新是无法得到满足的，企业需要选择不同的组织或企业以合理的嵌入方式构建更强大的创新网络，借助创新网络的优势获取更丰富的知识与资源，以便更好地实现自主创新能力。

创新网络的最终结果会导致企业构建围绕自身发展为目的的战略联盟，主要分为开发式联盟与探索式联盟（李奉书和黄婧涵，2018）。开发式联盟通过联合各类组织来延伸现有知识与技能，强调组织间的强关系（Yumei，2010）。相反，探索式联盟与陌生组织进行合作来开拓新的知识，为自身寻求新的机会，企业会经常更换合作伙伴，因此此联盟具有较大的不确定性和风险性。本研究认为从企业成长周期来看，初期企业会经常更换合作伙伴，具有一定的风险性，属于探索式联盟；随着企业的发展，企业将会逐渐稳定下来，在合作伙伴的选择上也会基本固定，彼此形成较为密切的关系强度，属于开发式联盟。因此，企业在创新网络中所嵌入的联盟随着企业发展阶段的变化发展会由探索式联盟逐渐向开发式联盟转变。同时，企业为了在竞争中获得更加持续的发展，可能会同时兼顾开发式联盟和探索式联盟，促进企业以更完善的嵌入类型，形成更合理的创新网络。

结合企业成长理论与资源基础理论，通过江铃集团与奇瑞集团的案例分析，本研究将产品标准化主导企业分为核心企业与非核心企业两种类型，对这两种类型企业创新网络嵌入进行比较分析（如表5－6所示）。

表5－6　　产品标准化主导企业创新网络嵌入类型

案例企业	江铃集团	奇瑞集团
企业类型	非核心企业	核心企业
影响因素	外部驱动明显	内部驱动明显
企业创新网络嵌入类型	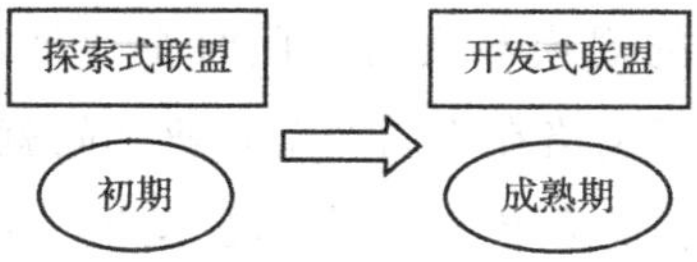	

研究发现，非核心企业—江铃集团与核心企业—奇瑞集团创新网络嵌入类型基本上呈现相似的特征，即初期二者通过探索式联盟的构建促进创新网络的形成，经过生存期与成长期对创新网络成员的选择，最终在成熟期形成开发式联盟，进而构建更为强大的创新网络。

首先，内外部动力因素对企业创新网络的嵌入产生一定影响，通常情况下，二者的协同作用促进了企业创新网络的变化。具体来说，江铃集团作为非核心企业在市场需求与政策调控的影响下，受外部驱动的可能性更大；对于核心企业奇瑞集团而言，信用机制、资源协同、学习机制以及利益共享是奇瑞集团需要考虑的影响因素，在这一过程中受创新网络内部驱动明显。其次，在企业创新网络的嵌入过程中，非核心企业与核心企业创新网络经历由探索式联盟向开发式联盟的转变，这与企业创新网络嵌入结构特征是相关的，江铃集团与奇瑞集团网络规模在不同阶段呈现很小—较小—较大—很大的过程，网络规模的大小在一定程度上决定了网络关系强度的强弱，由此形成弱关系、弱关系为主、强弱关系并存和强关系的演变过程，在网络规模与网络关系强度的共同作用下，网络成员的异质性指数相应地呈现为很低、较低、较高和很高的过程，在以网络规模、网络强度和成员异质性指数为主要结构特征的作用下，企业选择在发展初期以外部合作为主的探索式联盟这种创新网络嵌入类型。发展到一定时期以后，企业开始逐渐关注企业之间的关系，如江铃集团相继与太原长安重型汽车有限公司、欧洲、土耳其和巴西的全球化技术工程团队、高校研究机构等需求在研发上的突破，奇瑞集团相继与巴斯夫涂料部等四家国外供应商、欧洲外观设计工作室高级设计师 James Hope、两家科研院校、广汽集团、克莱斯勒、菲亚特、富士重工等达成较强的合作关系，由此形成了追求以强关系为目的的开发式联盟，并决定了企业在创新网络中的嵌入类型。再者，非核心企业呈现外推式演化规律，是指企业在创新网络中会根据创新能力的变化对企业创新网络向外部推动，此时企业创新的外部驱动作用显著；核心企业更多地表现出内延式演化规律，是指企业将进一步巩固企业内部创新网络的规模与实力，此时企业创新网络受内部驱动作用更加显著。最后，创新网络在不同类型企业之间就其网络类型的影响因素也存在一定的差异，但企业创新网络都会发生一定的阶段演化规律（Rudberg & Olhage，2003），比如江铃集团与奇瑞集团创新网络嵌入类型都经历从探索式联盟向开发式联盟转变的发展过程。

5.2.4 产品标准化主导企业创新网络嵌入方式

创新网络嵌入方式可以分为关系性嵌入与结构性嵌入两个维度（Collinson & Wang，2003），企业通常在创新网络中利用关系性嵌入与结构性嵌入获取创新资源与知识，进而对企业创新绩效产生一定的影响。关系性嵌入是基于创新网络成员双方的互惠而发生的双边关系，以情感与信任关系而存在，可以用关系强度等指标来衡量。企业嵌入与其他创新网络组织互动形成的关系网络中，受到各种影响因素的推动，企业利用在网络中的便利关系获取其创新所需的资源与信息等。关系性嵌入对企业积累创新资源与能力具有一定的促进作用，要求企业具有一定开放的思想，主动与创新网络中的结点组织建立较为密切的合作关系，以更加开放和尊重的态度与结点组织建立共有的创新文化，更好地维护创新合作关系。结构性嵌入是互动双方的物理属性，包括创新主体在网络中的位置、规模、密度等（张春雨等，2018），本研究主要聚焦于网络规模这一结构特征。关系性嵌入与结构性嵌入都对企业创新网络的发展产生正面影响（李靖华和黄继生，2017），只是在创新网络构建的不同阶段，二者所产生的作用力有所区别。在此基础上，我国制造企业参与或者构建的创新网络具备一定的空间属性，这也是由嵌入方式所决定的：第一，我国制造企业创新网络具有跨国界性特征，选择更大规模的全球创新网络嵌入，与国际企业和供应商等建立比较长久稳定的联系，如江铃集团为了嵌入全球创新网络中，与8家世界五百强企业和20多家世界优秀汽车企业开展合作，并设有12座海外运营中心，以多种渠道与海外组织建立强关系，属于关系性嵌入方式；第二，我国制造型企业在寻求海外创新网络的同时，并没有丢弃本土创新网络，反而不断巩固本土创新网络，如奇瑞集团与合肥工业大学、中国科学技术大学等科研院校以及江淮、安凯等汽车生产企业建立合作关系，进一步强化了创新网络，不断推动奇瑞集团在网络中的中心位置，采取结构性嵌入方式构建更完善的创新网络。

通过对江铃集团与奇瑞集团案例分析，我们发现非核心企业—江铃集团与核心企业—奇瑞集团在不同发展阶段，其创新网络嵌入的方式会有所差异，总体上来说，产品标准化主导企业创新网络嵌入方式大致经历了一个结构性嵌入—关系性嵌入—双重性嵌入（结构性嵌入与关系性嵌入）的过程，具体如图5－5所示。

孕育期与生存期，江铃集团与奇瑞集团网络成员数量和实力与企业发展需求差距较大，企业在该阶段的主要目标是获得能够生存下来的关键性资源，比如生产线等，急需得到某一企业或政府的认可与支持，求生的本能使得产品标准化主导企业在该阶段采取以结构性嵌入为主的嵌入方式，寻求企业生存与快速发展的资源。

从整体发展过程来看，江铃集团经历了一个由技术驱动向市场驱动到品牌驱动再到产品驱动的发展过程。具体来说，在孕育期，江铃集团与五十铃建立了一定的技术合作关系，推动了江铃集团的发展。生存期，江铃

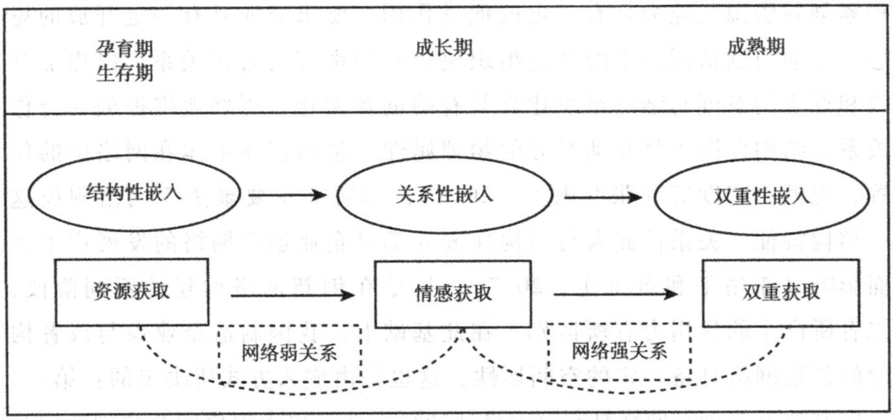

图 5-5 产品标准化主导企业创新网络嵌入方式

集团积极调整产品类型、完善销售渠道以更好地满足市场需求。成长期，江铃集团将生产的汽车出口海外市场，以满足扩大品牌影响力的需求。成熟期，江铃集团通过与海内外汽车企业的合作对产品进行升级改进。总体看来，江铃集团创新网络演化大致经历了一个由非正式至正式、封闭式到开放式、松散化到紧密化、单一化向多样化的过程。

奇瑞集团作为网络中核心企业，在企业成长不同阶段其创新网络嵌入方式表现为外延式嵌入。具体来说，奇瑞集团以整体性创新网络探索新市场或技术机会，获得创新创意，建立起探索型联盟，呈现外延式演化规律，企业创新的内部驱动作用显著。

从整体来看，核心企业奇瑞集团的发展大致经历了一个由政策驱动到技术驱动到利益驱动再到知识驱动的过程。具体而言，孕育期，奇瑞集团在政府的引导下引进生产线，开始自己的造车之旅。生存期，奇瑞集团在模仿创新的基础上，公派技术骨干出国参加技术项目，以带动企业的自主研发水平。成长期，奇瑞集团建立与海外国家的联系，寻求更广阔的发展空间。成熟期，奇瑞集团建立了与国内外知名企业、科研院所以及供应商的合作，提升了企业整体研发能力与品牌影响力，在合作中共享资源。

总体来说，从孕育期到生存期到成长期再到成熟期，奇瑞集团的创新网络对应地经历了一个由非正式至正式、封闭式到开放式、松散化到紧密化、单一化向多样化的过程。

5.3 本章小结

本章对产品标准化主导企业创新网络嵌入结构特征、影响因素、嵌入类型和嵌入方式进行了分析，并选择了两家汽车制造企业——江铃集团与奇瑞集团进行案例对比分析。尽管江铃集团与奇瑞集团创新网络嵌入的路径存在一定的差异性，但从总体演化趋势来看，这两个案例企业也存在着某些相似的特征，具体如图 5－6 所示。

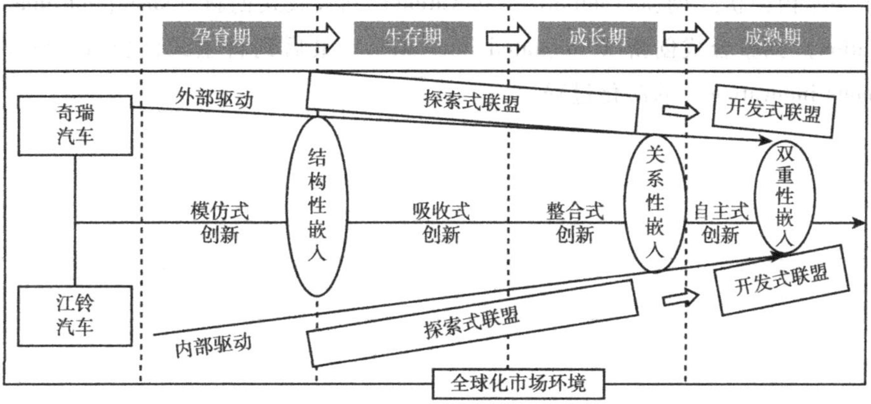

图 5－6　产品标准化主导企业创新网络嵌入路径模型

资料来源：根据本研究推导。

首先，就演化方式而言，非核心企业受内部驱动更加明显，其演化过程经历从探索式联盟转向开发式联盟；核心企业受外部驱动更加明显，其演化过程与非核心企业存在相似的特点。

其次，就影响因素而言，核心企业与非核心企业在不同阶段均会受到一定的内外部影响因素的推动，但从整体上来看，核心企业受外部驱动更加明显，而非核心企业受内部驱动的影响更加突出。江铃集团作为非核心企业，其创新网络嵌入对应到企业发展的孕育期、生存期、发展期和成熟期的过程，受到技术驱动、市场驱动、品牌驱动、产品驱动的过程。奇瑞集团作为核心企业，其创新网络嵌入对应到企业发展的孕育期、生存期、发展期和成熟期的过程，受到政策驱动、技术驱动、利益驱动、知识驱动构成的四阶段演化过程。

再次，就演化特征而言，正如前面分析中所提到的结论一样，无论是核心企业还是非核心企业，在其发展的阶段过程中，创新网络都呈现从分散到集中、从单向到多向、从封闭到开放的演化特征，在演化的过程中，企业创新网络中的结点组织越来越多，关系也越来越紧密，彼此的异质性更加明显，对企业创新能力的提升也更加显著。

最后，就演化能力而言，无论是核心企业还是非核心企业，在企业发展的不同阶段，企业创新网络的演化能力也会呈现一定的动态化。整体而言，随着企业阶段演化发展，在企业创新网络推动下，企业创新能力经历了一个由模仿式创新（imitation innovation）到吸收式创新（absorption innovation）到整合式创新（integrated innovation）最后到自主式创新（autonomous innovation）的演化过程。

6 产品个性化主导企业创新网络嵌入路径：广博集团和欧琳集团案例

本章内容主要以广博集团和欧琳厨集团两家企业为代表，探讨产品个性化主导企业在创新方面的系列举措，同时针对企业创新网络，分析创新网络的嵌入方式以及嵌入路径等问题，识别我国制造企业的自主创新能力，获取各种有价值的网络资源，积极探索有效提升自主创新能力的路径和模式，构建全球制造网络的自主创新战略管理理论体系。嵌入全球制造网络是我国制造企业自主创新的新起点和重要特色。从寻求加工制造向自主创新转型，为实现“中国制造”向“中国创造”质的提升提供理论指导和可行建议（吴晓波，2009）。

6.1 产品个性化主导企业案例描述

6.1.1 广博集团案例描述

广博集团股份有限公司（以下简称“广博集团”）成立于1992年，其主营业务包括轻工文具、投资贸易和新材料电子等。广博集团是国内第一家文具A股上市企业（股票代码：002103），拥有14家控股子公司，同时在洛杉矶和香港设有海外分公司，在国内拥有30多家营销分支机构，拥有浙江、江苏两大生产基地。产品销往世界100多个国家和地区，先后获得了中国品牌、中国驰名商标、中国十大文具品牌、2008年北京奥运会中国首家纸品文具经营商、中国民营企业500强、国家印刷示范企业、国家文化出口重点企业、全国五一劳动奖状等荣誉，成为国内最大的文具一体化供应商和最具竞争力的办公文化产业，坐拥 30 亿元的总资产，拥有 7000 多员工。

创新塑造动力，科技成就未来，这是广博集团的创新理念。广博集团一直认为一个寻求进步的企业，必须是一个具备超高创新能力的企业。广博人广泛树立创新意识，形成了属于企业自身的创新文化氛围，并逐渐演化为广博集团全球化发展的核心竞争力。经过多年创新发展，广博集团相继开发出办公文具、塑胶制品、印刷出版、环保系列为一体的综合性文具产品系列，积极发展创意、多元、环保的办公文化产业。另外，广博集团通过聘请的手段，积极引进海内外顶尖设计师与技术人员，构建人才保障体制，为加强科技创新实力提供源动力。凭借在行业的领先地位，广博集团起草和修订了《相册、名片册行业标准》《簿册行业标准》等多部全国代表性的产品标准。其发展大事记如图 6－1 所示。

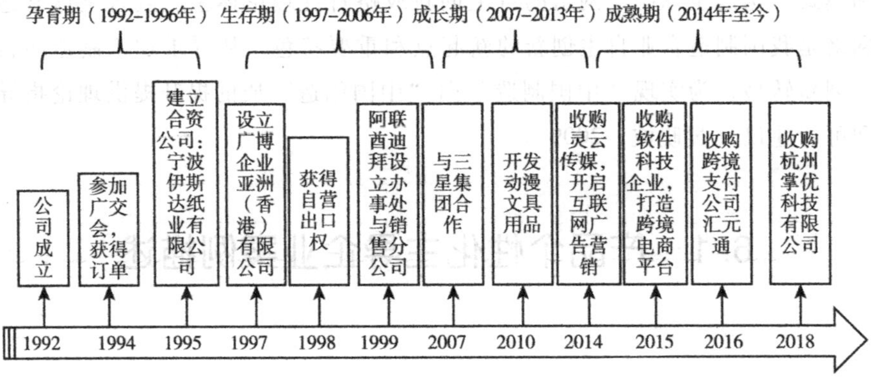

图 6－1　广博集团发展大事记

数据来源：广博集团官方网站。

（1）孕育期（1992～1996 年）

1992 年，广博集团还是一家负债 80 万元，濒临倒闭的小型彩印包装厂，在董事长王利平的带领下，公司重新步入正轨，创建了围绕文具产品生产的广博集团。为了平稳渡过危机，促进企业的快速发展，王利平审时度势，抓住广交会的机会，于 1994 年带领广博集团首次参加广交会。由于广博新颖的产品理念和出色的产品特色，会上广博集团成功接到了英国

“伊格尔顿”公司“马票本”订单，这是一份关于笔记本生产的订单，是广博集团的第一笔外贸出口订单，也是广博集团给海外企业做贴牌服务的开端，是从印刷行业延伸出来的多元产业，盘活了企业，也巩固了企业的根基。

企业生存问题解决以后，王利平开始考虑企业产业升级以获得长久发展。受政策的影响，广博集团开始积极寻求“引进来”的发展新路径。1995 年，广博与东顺昌（香港）国际企业公司成立第一家中外合资企业——宁波伊斯达纸业有限公司，该合资企业以文具用品、办公用品、纸品包装、文具及印刷机械的生产和销售为主营业务，帮助广博拓展业务能力与领域，为广博集团发展带来新的活力。

1996 年，广博集团董事长王利平到德国参加一个文具产品展览会。会上，王利平意外发现公司生产的文具产品贴上英国伊格尔顿的商标后，其售价比公司原本生产加工的价格足足高了 300%，王利平当时感触很深，认识到一个企业品牌的重要性。回国后，王利平立马着手企业商标注册的事情，很快便以“广博”注册为企业的商标，寓意“广聚智慧，博而出彩”，从此企业有了自己的品牌，也有了企业长远生存和发展的“通行证”。

该阶段将广博集团从即将倒闭的悬崖边缘拉了回来，暂且获得发展的一丝机会。20 世纪 90 年代，在改革开放的浪潮下，广博集团受政策影响，积极投身于其中。首先通过参加广交会这个契机，获得海外订单，盘活了企业；随后，积极走出去，与外资企业合作，成立合资企业，使得盘活的企业又获得新的发展动力。在这一过程，广博集团意识到自主品牌与创新能力的重要性，通过注册商标形成自主品牌。但该阶段，广博集团与外部组织合作很少。由此可见，在创新网络的孕育期，广博集团主要受政策影响，其企业创新网络结构单一，创新方式较简单。

（2）生存期（1997 ~ 2006 年）

前期的发展为广博集团在此阶段网络的延伸奠定了重要的基础。初期广博集团尝试“引进来”，并收获了不错的效果。到了该阶段，受政策鼓舞，广博集团逐渐认识到在全球化的背景下，企业已经是全球市场的一部分，应该主动适应而非被动迁就，应该结合“走出去”与“引进来”而非封闭自我，固步不前。纯粹的“走进来”，只能获得有限的发展能力，全球市场更为宽阔，更适合广博有所作为。

于是，1997年广博集团调整企业发展策略，开始实行“走出去”战略。1997年，香港的回归为广博集团发展带来新契机，在国家政策的支持下，广博在中国香港设立广博企业亚洲（香港）有限公司，其影响的范围能辐射新马泰为代表的东南亚消费市场。同年，广博集团与英国一家公司取得联系，将共同开拓欧洲文具市场。1998年，广博集团获得自营出口权，为企业“走出去”提供了更多的便利条件，为进一步建设和完善海外销售体系，公司开始在海外20多个国家和地区注册“广博”商标，为实现全球市场抢占重要先机。产品全面进入以色列、意大利、俄罗斯、英国、德国等国家，在冰岛、瑞典、挪威、芬兰等四国设立北欧产品总代理，在法国和德国设立总经销。平价格、高质量和新款式的竞争优势，获得了全球采购巨头的信赖与认可。1999年，以网上竞标的方式，全球三大零售集团之一的家乐福，选择广博集团作为进入国内市场的供应商。中东是世界文具消费的主要集散基地之一，为打开中东这块重要的市场，广博集团于1999年在阿联酋迪拜设立办事处与销售分公司。2001年，广博美国股份有限公司成立，并在美国分公司的帮助下，最终获得了入驻沃尔玛的资格，为广博集团文具全面进入美国市场奠定了基础。2003年上半年，伊拉克进入战后重建时期，广博集团抓住商机，制定相应战略进入该市场，获得的订单同比增长320%。

在实施“引进来”战略上，广博集团首先邀请包括意大利、美国等在内的20多个国家与地区的近50多名海外管理与产品专家为广博长期发展制定策略，他们在如何进入当地市场，怎样获得当地大量市场信息，广博集团文具如何设计以得到当地欢迎以及如何建立便捷的营销渠道等方面，为广博集团带来了许多宝贵的意见与技术，使得广博集团得以迅速进入国际市场。

在坚持走出去与引进来双结合的基础上，广博集团还对技术创新进行了良好的探索，一方面，继续保持与原有合作企业的技术交流；另一方面，广博集团通过积极拓展网络合作渠道，建立如与HAWA等的创新合作，实现多渠道合作。广博集团还吸引世界各地的人才为广博集团发展做出贡。海外人才是广博集团获取海外市场的关键因素，广博集团吸引多个国家和地区设计师和技术人员构成的广博集团技术研发团队为广博集团布局全球市场提供技术支持。该阶段，广博集团建立广阔的海外市场体系。在全球市场需求不断扩大的背景下，广博集团围绕文具产品外销，坚持对市场的快速进攻，形成一定的营销网络体系。同时，基于市场供需与企业品牌的发展，广博集团创新网络也得到了一定的建设，并获得快速发展。由此可见，创新网络生存期，企业在市场需求的驱动下，建立更加完善的创新网络，网络结构不再单一，但网络规模仍然较小，网络强度呈现较弱的特征。

(3) 成长期（2007～2013年）

此阶段，广博集团真正走向国际化、品牌化。2007年初，广博集团与韩国最大跨国企业集团也是世界500强的三星集团合作承担奥运台历印务，数量为100万份，并以此成为2008年北京奥运会中国首家纸品文具经营商。同样是在2007年，广博集团以“到欧洲路演去”为口号，将广博新产品，如礼品相册、数码相机、幼儿图书等以展览的形式带到欧洲、美国、迪拜等国家与地区，向全球人民展示广博集团产品的独特性与创新性，得到新老客户的热捧，在实现市场全球化的同时实现产品品牌化。

另外，为了拓展产业体系，2010年广博集团联手《喜羊羊与灰太狼》，开拓动漫产品，研发设计了100余款的动漫元素文具产品，促进公司总体销售额增长20%左右。为了继续做好文化创意产业，自2011年以来，广博集团与多家动漫公司达成了长期合作关系，共同设计、制造与销售一大批海内外游戏卡通形象产品。同时，借助海外顶尖设计师的支持，广博集团以外观包装为切入口，融入国际市场产品要求，实现和国际市场的同步发展。目前，广博集团标识的自主品牌文具已经成功摆上家乐福等国际零售店的货架。广博集团以“制造+创意”的产业发展模式，让广博集团从传统的文具生产拓展到图书、印刷、版权合作等领域。

该阶段，广博集团获得了一定的自主创新能力。与前两个阶段的发展特征相比，广博集团在该阶段最大的特征在于创新合作对象的数量更加多样，实力强劲。广博集团首次与三星这样的国际企业进行合作，学习到的技术能力能够带给企业较多的启发，因此带动广博延伸动漫文具产业，创造出众多的独特产品，其创新网络结点增多的同时，实力也大幅度增强。由此可见，在创新网络构建的成长期，广博集团在学习机制的基础上，扩大企业创新网络的规模，创新网络的强度呈现强弱并存的特点。

（4）成熟期（2014 年至今）

自 2013 年以来，广博集团尝试进行了几次收购，并获得了不错的成绩。2014 年，广博集团收购灵云传媒，开启互联网广告营销新时代，以实施互联网 + 的战略。此次收购为广博集团的差异化运行模式提供互联网营销的人才和技术，深化广博集团在互联网营销领域的布局，打造全新的综合性电商平台，从而开启新的营销路径，未来广博集团将通过灵云传媒收购更多的互联网广告公司以做大做强。2015 年，广博集团收购软件科技企业，旨在打造跨境电商平台，成为国内第一家文具行业垂直电商平台，迎合时代发展潮流与消费者需求转变。2016 年，广博集团以 3.3 亿美元收购跨境支付公司汇元通，汇元通在跨境支付领域长年积累的技术能力、运营能力能够进一步完善广博集团的跨境商务及相关服务业务链，有效提升广博集团电子商务综合服务能力，向市场提供一站式的流量导入、经营管理、支付结算服务。同时，汇元通海外较强的客户拓展能力也可以帮助广博获取海外商家资源，达成跨境服务方面的业务合作，增强上市公司电商业务壁垒。2018 年 4 月，广博集团以 12 亿元人民币收购杭州掌优科技有限公司 100% 股权，掌优科技属于软件和信息技术服务业，主要从事移动互联网广告推广服务，此次收购进一步加强了广博集团互联网营销能力。

该阶段，广博集团主要通过并购的手段获得行业最为先进的技术，无论是创新网络的数量还是质量都大幅度提升，而且国际化合作方式成为最为关键的发展模式，创新网络结点组织的国际化程度越来越高。由此可见，创新网络的成熟期，广博集团以信用机制为基础，与众多企业建立较为长久的合作关系，合作的次数空前加大，创新网络的规模不断增大，关系强度呈现强关系的特征。

6.1.2 欧琳集团案例描述

欧琳集团成立于 1994 年，是一家高端橱柜制造企业，产品以欧洲风情为特点。自创建以来，欧琳集团致力于将欧洲高端厨房理念引进国内，获得消费者的认可。其产品囊括水槽系列、高端橱柜、浴室柜等，为提升厨房体验，将健康时尚方式与整体厨房解决方案进行融合。1995 年，欧琳集团在市场上推出第一套橱柜，正式跨入厨房家具行业，至今已为全球 1200

多万户家庭带来时尚、便捷的厨房生活体验。目前为止，欧琳集团的营销网络遍及70多个国家和地区，在国内也建有1000余个销售网点。

欧琳集团创建时，借助德国对精品制造的高追求以及德国作为现代厨房理念的发源地，欧琳集团首先从德国引进生产制造设备以及厨房生活理念。为了提升产品质量与市场进入能力，欧琳集团从欧洲引进大批设计师与管理专家，试图成为“厨具界的奔驰”。2011年，欧琳集团实现对德国高端智能设备的全引进，初步实现厨房产品现代化制造与管理。欧琳集团还加强自身研发能力，曾先后与德国包豪斯大学、浙江大学、中国美院、湖南大学等世界知名院校进行产品设计合作，提升了产品竞争力。

欧琳集团创新网络发展历程可以分为孕育期、生存期、成长期和成熟期四个阶段，其发展历程如图6－2所示。

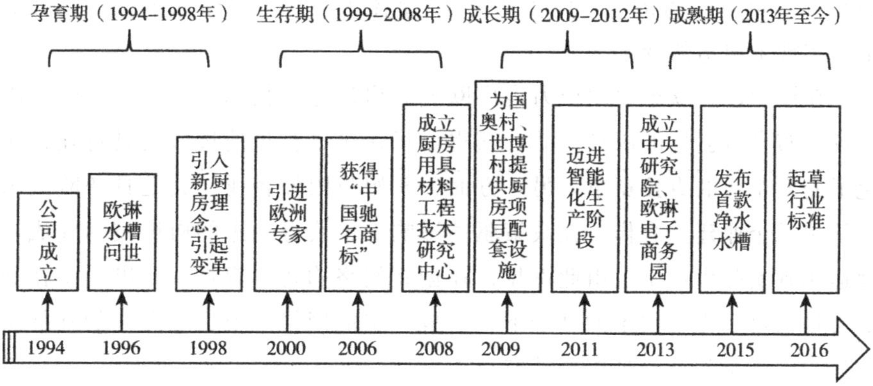

图6－2　欧琳厨集团发展历程

数据来源：欧琳集团官网。

（1）孕育期（1994～1998年）

这个阶段的欧琳集团处于起步阶段，是国内最早开始制造厨具产品的制造企业，很快成为国内专业设计力量最强、厨具产品线最丰富的厨具企业。自1994年筹建以来，欧琳集团坚持将欧洲高端的厨房生活理念引入国内，开始将国外领先企业的先进设备与技术引进吸收，并获得市场的认可。同时，受改革开放的影响，面对廉价劳动力，广阔市场以及政府政策的刺激，一些海外领先企业开始同欧琳集团合作生产，将某些生产业务外包给欧琳集团，同时提供技术上的指导，欧琳集团以此为契机，积极学习接纳海外独特技术理念，这有利于欧琳集团积累生产能力。

在市场推广过程中，欧琳集团发现随着人们生活水平的提升，人们对厨房厨具有了新的要求。而1995年生产的欧琳集团厨房设备不具有清洗的功能，面对这一问题，欧琳集团开始与国外专家合作研发适合国内需求的厨房清洗厨具，并将第一套厨具向市场推广，成为国内最早从事家用欧式高端厨具业的企业。很快在1996年欧琳集团水槽问世，首推厨房“水槽”这一概念，极大的便利了人们的生活需求，同年，为了打响品牌，欧琳集团亮相在第一届中国国际住宅产品展览展销会上，首次向公众展示企业制造的欧式橱柜，成功打响了企业品牌。1997年，欧琳集团与欧洲厨房电器商进行了长期战略合作交流，在国内推出首款欧式厨房电器，同时，首次原装引进欧式厨房，成为欧式厨房在国内的重要销售与生产合作伙伴。1998年，欧琳集团将“一体化厨房”“整体厨房”理念带入中国的家庭之中，实现了厨房的变革。

在该阶段，欧琳集团极力推广欧式厨房理念与技术。一方面，向国内市场发布自身创新的厨具产品，获得市场认可，较早地进入厨具行业，避免了先发企业的直接竞争。另一方面，开始与国外企业尤其是具备欧式风格的厨具企业建立合作，在政策驱动影响下，获得先进的厨房技术并成功地运用到实际生产中。由此可见，在创新网络构建孕育期，欧琳集团在获取市场认可和先进技术的基础上，形成一定的网络规模，但合作的外部组织偏少，网络强度呈现很弱的特点。

（2）生存期（1999～2008年）

在原有厨具设备的制造基础上，欧琳集团厨具不断拓展产品线，形成高档橱柜、不锈钢水槽、厨房电器等产品。为了满足扩展企业产品线的需求，这一阶段，欧琳集团开始拓展创新网络边界，通过合作研发的方式寻求多边（企业、高等院校及研发机构等）合作。2000年，欧琳集团开始分批引进欧洲专家，为企业的厨电研发作指导，形成与国外研发技术的合作机制。除了与海外企业加强技术合作外，欧琳集团还同国内家具企业建立交流与沟通机制，形成技术联盟。与国内外科研院校进行技术合作交流，提升厨具产品的创新能力，为厨房向科学化、艺术化发展奠定基础。同时根据不同区域人群的生活习惯，欧琳集团致力于将厨房生活习惯和厨房设计理念相融合，实现技术与产品的完美融合。这一阶段，欧琳集团不断加大研发力度并且取得了一系列的成果。2006 年，欧琳集团被认定为“中国驰名商标”。2007 年，欧琳集团橱柜荣膺“中国名牌”荣誉称号等。

该阶段，欧琳集团特别关注对技术的引进与积累，初步形成具有自身特点的技术创新体系，追求技术与产品的高度融合。一方面，延伸产品种类，形成水槽、橱柜与厨房电器等为一体的产品线。另一方面，根据产品线发展需求，拓展技术资源获取的来源。由此可见，在创新网络构建的生存期，欧琳集团在内部需求的驱动下，关注技术的进步，拓展了创新网络的边界。与孕育期相比，其创网络规模有所加大，关系强度有所增强，但仍然有待于提升。

（3）成长期（2009~2012 年）

2008 年受金融危机的影响，一些大型企业的发展受到冲击，而此时欧琳集团抓住机遇，寻求与国际领先企业的技术合作。目前，欧琳集团逐步规划海外的研发网点，不断提升自身的系统设计能力。2008 年，欧琳集团成立国内首家“厨房用具材料工程技术研究中心”，研究中心为欧琳集团对接国内外合作提供了平台保障，能够长久同国内外科研院校开展技术合作交流，获取和开发最前沿的厨具技术。

2009 年，欧琳集团抓住发展机遇，为国奥村、世博村提供厨房项目配套设施，紧接着欧琳集团成为上海世博会厨具项目赞助商，在提升发展潜力的同时，也增强了企业的国际影响力，形成良好的品牌效应。

2011 年，欧琳集团智能化厨具工厂启用，企业正式迈进智能化生产阶段，生产能力大幅度提升，降低企业生产成本，提高企业盈利能力。同时，欧琳集团在 2012 年公司与世界知名设计师曼莱克先生和意大利著名设计公司乔治·亚罗开展跨界技术合作，与国际先进技术实现进一步的摩擦，提升了企业技术发展水平。

该阶段，欧琳集团开始形成系统化的研发、生产和销售的网络体系，在这三方面协同发力。首先建立研发中心，与国际顶尖技术合作等形成研发体系。其次，拓展生产能力，获取国家重大项目，形成高端生产体系。最后，打造国际影响力，塑造良好的品牌价值，拓宽国际销售的可能性。由此可见，欧琳集团在创新网络的成长期，其创新网络规模不断增大，关系强度也有所增强。

（4）成熟期（2013 年至今）

2013 年，欧琳集团成立中央研究院、欧琳电子商务园，启动欧琳集团工业旅游。由此，欧琳集团建立起以中央研究院为核心，以国内外研究高校和研发中心为辅助支撑的创新体系，形成技术联盟，逐步形成全球化的多点式研发格局，保障高端技术的引入，实现及时响应全球市场需求，带动欧琳集团全球化布局。

2015 年，欧琳集团在产品设计与研发上发生三件意义重大事件。首先，推出 Party 厨房，标志着欧琳开启“社交厨房”新品类，一经推出，便得到市场的广泛欢迎，尤其得到青年消费者的青睐。其次，欧琳集团发布首款净水水槽，这款水槽比现有市场上的净水水槽功能更为强大，使用更为方便，高度切合现代厨房理念。最后，欧琳集团发布 MiniBox 厨房，主要面向城市中高收入群体，旨在提升白领生活品质。

2016 年是欧琳集团成为行业领先企业的标准性年份，欧琳集团作为起草组组长单位参与《家用不锈钢水槽》国家标准制定起草，另外《家用不锈钢水槽》国家标准负责起草的《浙江制造 - 家用不锈钢水槽》标准也相继发布，成为行业制造标准的企业。

该阶段，欧琳集团发展成为行业的领先企业，成为同行业企业效仿的对象，其技术研发能力达到同行业平均水平之上，市场份额占有绝对的优势，合作的对象丰富多样，合作对象的实力也较强。由此可见，欧琳集团在创新网络的成熟期，其创新网络的规模很大，与创新网络成员的关系强度很强，形成较为成熟的创新网络体系。

6.2 产品个性化主导企业创新网络嵌入案例分析

6.2.1 产品个性化主导企业创新网络嵌入结构特征

结合相关理论研究，本研究认为企业创新网络结构指企业在创新网络中与其他结点组织产生合作时所表现出来的关系特征，一般包括网络密度与网络规模两大突出特征。网络密度是一个比例，表达了创新网络中与企业有实际联系的网络成员与可能有联系网络成员之间的比例，所以，网络密度真实地体现了网络之间的资源共享性，即网络密度越大，创新网络整体资源交流越频繁，联系越密切；网络规模则是指企业创新网络中存在的组织真实数量，网络规模越大，企业创新网络越庞杂，企业获得丰富资源的可能性越大。企业创新网络嵌入结构特征关注企业内外部关系，要求企业能发现自身知识资源的同时，搜寻外部知识，才有可能将内外部资源转变为企业自身的创新能力。搜寻知识作为企业创新网络嵌入的关键一步，往往涉及企业自身知识与企业外部知识的整合利用与新技术的形成。企业创新网络的本质是参与竞争与合作主体间形成的各种正式与非正式关系总和的结构（Corsaro et al.，2012）。全球制造网络中，企业与企业之间的联结关系，实质上受到两个企业各自所嵌入的特定类型网络的影响（洪茹燕，2012）。企业创新网络中关键点在于网络中间位置、关系强度以及成员异质性指数，三者间的关系大致可以理解为网络规模的高低决定关系强度的强弱，网络规模与关系强度共同决定成员彼此间异质性指数的高低。为了更好地体现这三者的具体衡量标准，我们选取网络成员数量与网络主要成员这两个维度来分别考量企业创新网络规模的大小和网络关系的强弱，并在此基础上分析创新网络成员异质性指数的高低。企业参与全球制造是不断构建自身主导创新网络的过程，资源依赖性越强，企业获得资源交换能力越弱，伙伴关系的强弱直接会影响企业技术溢出和自主创新能力。广博集团和欧琳集团在全球制造网络中均属于产品个性化主导企业，二者在参与全球制造环节中，企业创新网络嵌入行为特征主要表现为网络规模、关系强度、成员异质性三个方面，具体如表6－1所示。

表6－1　　广博集团与欧琳集团网络成员

		广博集团	欧琳集团
网络成员数量	孕育期	2	1
	生存期	6	2
	成长期	9	5
	成熟期	12+	7+

续表

		广博集团	欧琳集团
网络主要成员	孕育期	●英国伊格尔顿公司 ●宁波伊斯达纸业有限公司	德国厨具公司
	生存期	◆孕育期所有创新网络成员 ◆广博企业亚洲（香港）有限公司 ◆北欧四国总代理 ◆设立 NEWELL、HAWA 以及家乐福三家总经销 ◆广博美国股份有限公司	◆海外企业 ◆国内外科研院校
	成长期	➢生存期所有创新网络成员 ➢三星集团 ➢动漫厂家 ➢国际零售巨头企业	➢生存期所有创新网络成员 ➢厨房用具材料工程技术研究中心 ➢国奥村、世博村 ➢意大利顶级设计公司乔治·亚罗
	成熟期	◆成长期所有创新网络成员 ◆灵云传媒 ◆软件科技企业 ◆汇元通	➢成长期所有创新网络成员 ➢中央研究院 ➢欧琳电子商务园

从表6－1中可以看出，广博集团与欧琳集团创新网络成员存在较大的差距，但从整体上来看，二者创新网络中网络成员数量不断增长。孕育期，广博集团抓住时代发展机遇，先后获得与英国伊格尔顿公司和香港企业的合作，网络成员数量为2。欧琳集团结合自身发展背景，与德国某些厨房家具企业合作，并研发适合中国家庭使用的厨房家具，我们可以将其网络成员的数量大概理解为1。生存期，在改革开放与政策扶持的背景下，广博集团将合作的步伐迈向中国大陆以外的界限，将网络成员的数量拓展至6家具有一定实力的企业，初步探索国际化战略。而欧琳集团从内部发展需求与实力出发，进一步将创新网络的界线延伸至科研院所等，形成网络成员数量为2的创新网络体系。成长期，广博集团实现国际化与品牌化战略，此时的创新网络成员数量也急剧增长，大致增加至9家具有一定实力的各类型组织。欧琳集团在此时主要推进海外研发战略，寻求与海外研发组织的合作，创新网络的成员数量达到5家。成熟期，广博集团与欧琳集团均已成为行业中的领军型企业，发展实力与日俱增，广博集团通过并

购手段获得更多网络成员数量，大致达到12家。而欧琳集团布局全球化战略，也获得更多的创新网络成员数量，大致达到7家。

网络主要成员方面，孕育期广博集团与欧琳集团具有的相同特征是融入与海外企业的合作，起点较大，网络成员具有一定的实力。生存期，广博集团迅速增大与创新网络成员的数量，与欧洲国家、美国企业建立供应关系，建立生产网络关系，同时，加大在海外市场分公司的建立，实现一定程度的与强企业的合作，网络主要成员增多，实力增强。欧琳集团与广博集团相比，增加的创新网络主要成员较少，主要与海外企业、国内外科研机构建立合作，但为企业发展带来足够的发展后劲。成长期，广博集团创新网络成员的实力明显增强，与多家世界500强企业建立合作，创新网络主要成员在增长的同时，企业在创新网络中获得的资源与能力愈加丰富。欧琳集团建立技术中心，与其他研发技术中心进行技术合作，获得奥运会、世博会项目机会，创新网络成员的实力等级不断增高。成熟期，广博集团与欧琳集团构建创新网络成员的手段有所差异，广博集团通过并购手段，获得多家相关企业与延伸业务企业的技术，创新网络主要成员类型多样；欧琳集团以建立技术研究院的主要方式，进一步加强与创新网络主要成员的技术联系，主要网络成员数量随之增多。

基于表6－1的分析，我们可以推导出广博集团与欧琳集团创新网络嵌入的结构特征，具体如表6－2所示。

表6－2　我国制造企业创新网络嵌入结构特征比较分析

案例	广博集团	企业特点	核心企业
	欧琳集团		非核心企业
发展阶段	网络嵌入结构特征		
	网络规模	关系强度	成员异质性指数
孕育期	很小	弱关系	很低
生存期	较小	弱关系为主	较低
成长期	较大	强弱关系共存	较高
成熟期	很大	强关系为主	很高

资料来源：根据本研究推导。

孕育期，广博集团与欧琳集团创新网络内的成员数量很少，获得的资源与能力很少，进而形成很小的网络规模。关系强度方面，广博集团与欧琳集团创新网络主要成员比较少，建立的合作机制较为松散，呈现弱关系的关系强度。很小的网络规模与弱关系的关系强度共同决定了广博集团与欧琳集团在创新网络中获得的互补性资源很少，使得成员异质性指数呈现很低的特征。

生存期，广博集团与欧琳集团突破原有创新网络的限制，与上下游相关企业进行技术合作，网络成员数量有所增多，形成的创新网络规模也有所扩大，但仍然较小。较小的网络规模形成以弱关系为主的网络成员关系强度，成员间彼此的关系依旧较为松散。进而，企业在构建的创新网络中能获得的互补性资源仍然有限，成员的异质性指数较低。

成长期，广博集团与欧琳集团发生根本性的变化，创新网络成员分别囊括世界顶级企业和科研机构、中小企业等，成员数量增长明显，创新网络规模较大。企业与其他企业或组织形成以技术交流与合作为主的关系体系，彼此的关系较为亲密，呈现强弱并存的关系强度。同时，创新网络中的成员拥有较多的互补性资源，成员的异质性指数可以用“较高”来表示。

成熟期，广博集团与欧琳集团在前一阶段的基础上，实现更为突破性的发展，创新网络中的成员数量更多，成员实力更强，网络规模很大。创新网络中的成员关系程度不断增强，呈现“强关系为主”的特征。同时，创新网络中的成员类型多样，能为企业提供更多的互补性资源，成员的异质性指数可以用“很高”来表示。

结合表6－1和表6－2的分析，我们发现，产品个性化主导企业的创新网络成员规模不断扩大，企业在创新网络构建过程中获取的网络结点支持力度越来越大。关系强度是指企业创新网络中各成员之间关系的紧密程度表现，从表6－2可以看出，产品个性化主导企业在创新网络中与其他成员间的联系越来越紧密，合作共赢的机会越来越多，同时也说明企业在维系网络关系方面的成本逐步增大。网络成员异质性的高低表明企业创新网络中成员特征与属性的差异性，由表6－2可以发现，制造企业在创新网络嵌入中与其他成员之间的异质性在逐渐增强，由此反映企业所能获得的资源种类逐渐丰富，为企业自身创新发展提供有效动力支持。

借助社会网络分析软件 UCINET6，本研究对产品个性化主导企业创新网络最终结果进行了可视化分析（如图 6-3 和 6-4 所示），并对创新网络整体结构特征进行了测量（如表 6-3 所示）。

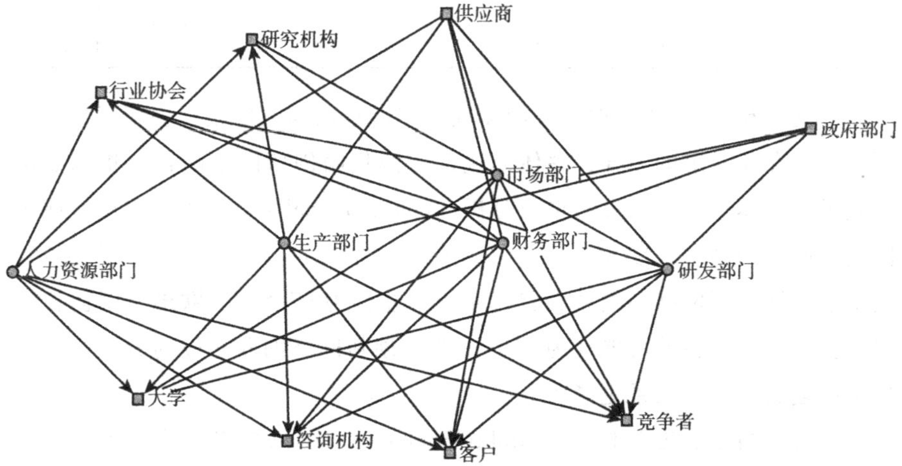

图 6-3 广博集团创新网络社群图

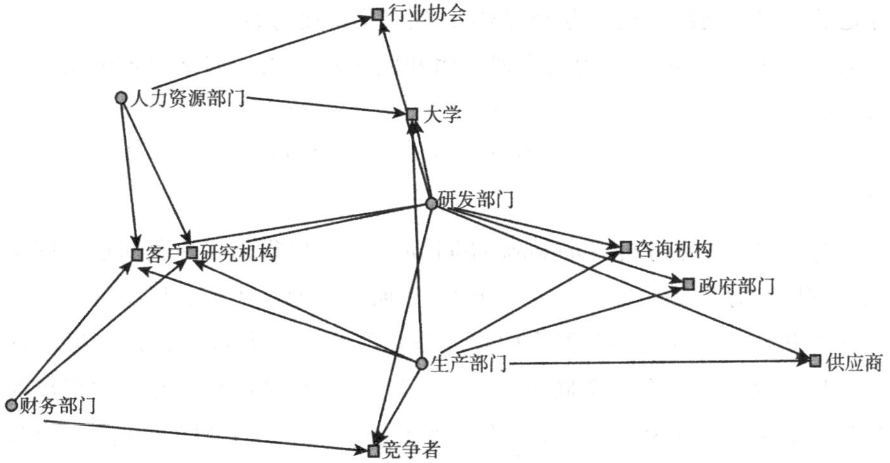

图 6-4 欧琳集团创新网络社群图

图中圆形结点代表企业内部各部门，正方形代表与企业有创新合作关系的外部企业或组织。

表6-3　　产品个性化主导企业创新网络结构特征参数

案例企业	网络密度	网络集中度	网络效率		标准参数
			平均距离	紧密度	标准差
广博集团	0.9750	75.23%	0.85	0.950	0.1561
欧琳集团	0.7500	50.17%	1.14	0.885	0.4330

根据表6-3中的数据，我们发现，广博集团与欧琳集团创新网络在各项指标上存在一定的差异，整体来说，广博集团创新网络的各项指标要优于欧琳。具体来说，通过凝聚力分析（cohesion analysis），可以得出广博集团创新网络的网络密度为0.9750。欧琳集团创新网络的网络密度为0.75，表明了广博创新网络中关系真实存在的可能性为97.5%。欧琳集团创新网络中关系真实存在的可能性为75%，两者创新网络的联系较为紧密，但广博集团创新网络的联系更紧密。

通过网络中心度分析（centrality analysis），可以得出广博集团的网络集中度为75.23%。欧琳集团的网络集中度为50.17%。网络集中度的大小意味着企业创新网络集中化程度，表明广博集团创新网络接近于一个绝对中心化的星形网络的概率为75.23%，欧琳集团便为50.17%。结合标准化系数0.1561和0.4330，说明广博集团和欧琳集团创新网络中各组织差异较小，二者处于一个较为中心的网络位置。相比之下，广博集团创新网络比欧琳集团创新网络组织成员实力差异更小，广博集团处于一个更中心的位置。

通过网络效率分析（network efficiency），可以得出广博集团创新网络的平均距离为0.85，紧密度为0.950，表明了广博集团创新网络的平均距离约为0.85，也就是创新网络中最弱路径的距离约为0.85，并在95%的可行性下构成了一个完全联系的网络。欧琳集团创新网络的平均距离为1.14，紧密度为0.885，表明了欧琳集团创新网络的平均距离约为1.14，也就是创新网络中最弱路径的距离约为1.14，并在88.5%的可行性下构成了一个完全联系的网络。所以，相比之下，广博集团构建了一个比欧琳集团联系更为紧密的创新网络。

同时，借助社会网络分析软件UCINET6，我们对产品个性化主导企业创新网络中行为主体的位置特征进行了分析，得到如表6-4所示的结果。

表6-4　产品个性化主导企业创新网络行动主体位置特征

行动主体	Freeman度数		标准Freeman度数		接近性		标准接近性		中介性		标准中介性	
	广博集团	欧琳集团	广博集团	欧琳集团	广博集团	欧琳集团	广博集团	欧琳集团	广博集团	欧琳集团	广博集团	欧琳集团
市场部门	18	11	19.36	15.54	13	14	75	81	25.02	27.36	13.26	10.32
研发部门	45	24	50.23	24.58	20	16	100	85	29.07	25.52	13.65	9.36
生产部门	16	9	18.26	11.70	18	15	88.02	82.25	8.09	8.26	7.62	7.09
财务部门	5	2	7.5	3.71	12	11	19.25	20.13	0	0	0	0
人力资源部门	1	0	1.59	0	5	3	12.08	11.14	0	0	0	0
大学	31	22	40.25	22.34	32	29	80.99	95.96	15.26	12.75	11.27	9.26
竞争者	35	20	45.20	21.01	23	27	70	80.06	3.36	3.46	1.06	0.45
供应商	40	24	37	24.58	14	10	70.13	21.03	1.25	1.98	0.69	0.76
客户	50	45	54.26	20.23	35	26	78.09	69.99	0.58	0.45	7.25	6.92
研究机构	40	24	37	24.58	39	35	90.24	89.05	19.36	15.26	9.36	8.59
政府部门	12	12	20.3	20.03	10	10	25.26	25.26	0.36	0.36	0.11	0.11
咨询机构	6	12	7.96	20.03	13	10	21.97	26.09	0	0	0	0
行业协会	4	4	6.53	6.53	2	1	9.03	6.95	0	0	0	0

第一，通过对Freeman度数进行分析，本研究发现广博集团创新网络中度数最大的4个行动主体分别为：客户、研发部门、竞争者和研究机构。欧琳集团创新网络中度数最大的4个行动主体：客户、研发部门、供应商和研究机构，这些行动主体既来自企业内部，又来自企业外部，在创新网络中与其他组织拥有最多的联系，促进了与其他组织的信息交流、资源共享等。

第二，通过对接近性分析，本研究发现广博集团创新网络中研究机构与客户、大学是接近性最高的行动主体，它们与其他行动主体之间存在更为直接的联系；而欧琳集团创新网络中接近性最高的行动主体分别为研究机构、大学和竞争者，它们在创新网络中与其他行动主体之间存在更为直接的联系，其次是客户和研发部门。

第三，通过中介性分析，本研究发现广博集团创新网络中中介性最高的行动主体分别是研发部门和市场部门，它们都来自企业内部，其次是研究机构和大学，它们来自企业内部。而欧琳集团创新网络中市场部门和研发部门是中介性最高的两大行动主体，其次是大学和研究机构。中介性越高的行动主体代表着在创新网络中越有可能承担着中间联系人的角色，也更有利于获取创新网络中的资源与信息。

6.2.2 产品个性化主导企业创新网络嵌入影响因素

企业所处的内外部环境是不断发展变化的，因此企业必须结合实际需要不断优化完善自身的创新网络。从这个角度来看，企业构建创新网络是一个动态变化的过程，企业创新网络会随着时间与企业发展实力的变化而不断发生变化，如网络结构的变化（如新企业的加入，原有企业的推出等）。在企业创新网络演化过程中，为在网络中获取创新资源和提升创新能力，企业需要再度对企业创新网络的内外部影响因素进行分析，以便企业对网络中的合作组织以及合作位置做出合理的抉择，进而重新考虑创新网络的结构。所以，企业创新网络嵌入的影响因素也是一个不断发展变化的过程，即企业创新网络嵌入影响因素随着企业发展阶段的变化而产生一定的变化。如何在不同的发展阶段，识别并充分利用好企业创新网络的影响因素，是企业构建创新网络的一个重要议题。

企业、科研机构、政府、高校、咨询机构等构成了创新网络的成员，各个创新主体在网络中起到不同的作用，如高校可以作为企业创新网络构建的人才来源和技术合作单位，更可以为建设创新型国家培养一大批顶尖人才。创新网络相对来说是一个比较复杂的组织系统，核心要素由高校、企业与研究机构形成，政府、咨询机构等作为辅助要素促进核心要素快速实现资源与能力的学习。现实中，企业创新网络中的创新结点组织不但与网络体系内部的各主体产生一定的合作关系，企业与创新网络外的宏观政治经济等环境也会产生一定的关系，企业创新能力的提升得益于创新网络中创新组织与资源提供组织、知识创造组织的相互作用，这种网络体系要求网络中的各个组织能达到一定的创新能力，这也是推动企业创新网络实力与规模提升的重要前提。随着企业创新网络的成熟，核心企业在创新网络中逐渐形成一定的核心能力和创新能力，资源与知识对企业创新能力的交互影响进一步印证了企业创新网络受到多种因素的推动影响，也进一步决定了企业创新网络的构建与演化过程。企业究竟构建什么样的创新网络以适合企业的发展存在一定的争论。从创新网络嵌入的结构特征来看，如果企业选择以弱联系嵌入创新网络，企业可以以更低的成本获取自己所需的资源，只是这样的资源可能比较少；以强联系为主的创新网络，企业可以构建合适的网络形态，使得企业拥有更多的资源与能力。

随着企业创新实力的提升，各企业需要构建起能支撑各主体间不断联系的创新网络，以此来推动企业快速发展。企业融入全球创新网络可获取最新知识资源、提升创新能力。企业创新网络本身就是一个动态开放的系统，创新网络内各主体间进行动态博弈以不断推进创新（李志强等，2017）。因此，本研究将从动态的视角来讨论产品个性化主导企业创新网络嵌入影响因素。产品个性化主导企业创新网络嵌入受到多方因素影响，通过归纳总结已有文献，本研究主要从外部与内部两大方面分析产品个性化主导企业创新网络嵌入影响因素。

通过对广博集团和欧琳集团的案例分析，可以发现在企业不同的成长阶段，企业创新网络嵌入影响因素存在一定的差异，具体如表 6－5 所示。

表 6－5　产品个性化主导企业创新网络嵌入影响因素比较分析

案例	广博	欧琳
企业类型	核心企业	非核心企业
影响因素		
孕育期	政府行为	学习机制
生存期	市场需求	学习机制、市场需求
成长期	学习机制	利益驱动
成熟期	信用机制	资源协同

从表 6－5 可见，企业发展孕育期，以广博集团为代表的核心企业，其创新网络嵌入主要受政府行为的影响，当时，政府开始大力支持创办民办企业，鼓励企业与海外企业建立合作关系，广博集团便在这样的环境中诞生。以欧琳集团为代表的非核心企业，其创新网络主要受到学习机制的影响，欧琳集团在诞生初期主要学习国外尤其是德国的“一体化厨房”“整体厨房”理念与厨具制造技术，实现了中国厨房理念的变革。

企业发展生存期，以广博集团为代表的核心企业，其创新网络嵌入主要受市场需求的影响，市场需求是推动企业创新网络嵌入的根本动力。在当时，家乐福和沃尔玛等商品超市的出现与发展正改变着人们的消费习惯，人们更愿意在特大超市里购买心仪的产品，在这一因素的驱动下，广博集团瞄准国际超市市场，与海外超市企业等建立供应合作关系。以欧琳集团为代表的非核心企业，其创新网络影响因素主要来自学习机制与市场需求两个方面，一方面，欧琳集团在前期基础上，继续加大与海外先进企业的技术合作，不断学习先进技术；另一方面，随着人们消费水平的逐渐提升，对厨房生活质量提出更高的要求，这一市场变化促使欧琳集团进一步加大技术研发投入，积极建立更为体系化的创新网络。

企业发展成长期，以广博集团为代表的核心企业，其创新网络嵌入主要受学习机制的影响，国际化战略的提出，不仅让广博集团加快国际市场进入的速度，而且促使广博融入世界先进技术中，吸取能够促使企业进步的文具制造技术，进而形成了与三星集团等国际知名企业的合作关系。以欧琳集团为代表的非核心企业，其创新网络嵌入影响因素主要在于利益驱动。该阶段，欧琳集团为了降低生产成本，拓展利益来源渠道，实现智能化生产，先后取得国奥村、世博村厨房配套设施项目，获得快速发展的可能性。

企业发展成熟期，以广博集团为代表的核心企业，其创新网络嵌入主要受信用机制的影响，此阶段，广博集团通过几次收购兼并，获得行业发展的关键技术，以此建立起与网络成员共赢合作、相互依赖的信用关系。以欧琳集团为代表的非核心企业，其创新网络嵌入主要受资源协同的影响，此阶段，欧琳集团建立起中央研究院、企业、政府机构、供应商等一体化的创新网络，能够获得互补性资源，实现协同发展。

6.2.3 产品个性化主导企业创新网络嵌入类型

企业创新网络中每一个结点组织都不是独立存在的，它们构成了整个企业创新网络（孟迪云等，2016）。每个结点组织高频繁的沟通交流和广范围的互动联系可以有效地打破网络界线，构建高效率的创新网络。企业创新网络嵌入的不同类型促进创新网络中不同结点组织之间的信任程度，从而对企业间不同类型的知识学习产生一定的影响，借助嵌入的不同类型，企业可以在创新网络中搭建不同的信息交流与资源共享平台，为获取互补性资源进而实现创新能力的提升创造机会。

企业创新网络嵌入类型是多种多样的，企业在不同阶段选择的创新网络嵌入类型也存在一定的差异性（孟迪云等，2016；杨张博，2018；庄晋财等，2012）。企业为构建围绕自身创新技术发展的创新网络体系，会在企业发展周期内建立不一样的嵌入机制（赵炎和周娟，2013）。一般而言，企业创新网络嵌入类型与形成的网络联盟是一致的。基于案例分析，我们发现，产品个性化主导企业创新网络嵌入类型大体上可以包括利用式联盟、探索式联盟、开发式联盟和战略式联盟四种，利用式联盟强调企业对外部组织资源的识别与利用，以便迅速形成自身可以直接实现小幅度技术进步的能力（Soda，2011）；探索式联盟与陌生组织进行合作来开拓新的知识，为自身发展寻求新的机会，企业会经常更换合作伙伴，因此此联盟具有较大的不确定性和风险性；开发式联盟通过联合各类组织来延伸现有知识与技能，强调组织间的强关系（Karamanos，2012）；战略式联盟与其他组织建立长期的合作关系，以便进入新的领域，形成相互合作、共担风险、共享利益的联合行动共同体，战略联盟是企业嵌入成熟创新网络最高级的类型方式（Gilsing et al.，2007）。

基于上述分析，结合企业成长理论与资源基础理论，从企业创新网络嵌入的影响因素、结构特征等方面入手，进一步将产品个性化主导企业分为核心企业与非核心企业，以便在横向分析的基础上，进行纵向对比分析，进而使得分析更加具体与全面。我们发现广博与欧琳创新网络嵌入类型存在一定的差异，但相似性更加丰富，具体如表 6－6 所示。

表 6－6　产品个性化主导企业创新网络嵌入类型

案例企业	欧琳集团	广博集团
企业类型	非核心企业	核心企业
影响因素	外部驱动明显	内部驱动明显
企业创新网络嵌入类型	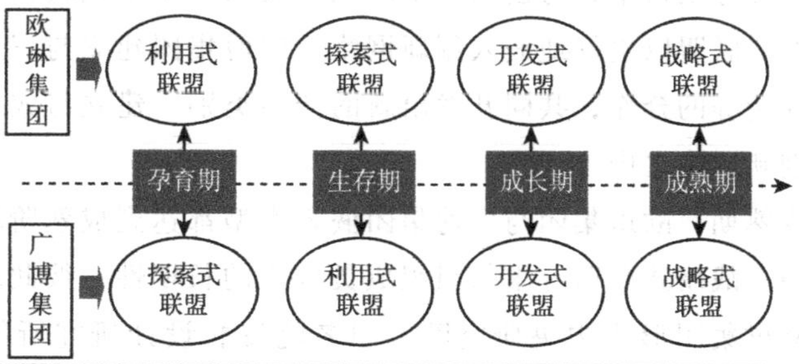	

具体来说，非核心企业——欧琳集团与核心企业——广博集团在不同发展阶段因为存在不同网络主导使得两者在创新网络嵌入类型方面存在一定的差异性。

欧琳集团先后构建了政府主导型——技术主导型——市场主导型——相互渗透型创新网络形式，进而导致企业创新网络嵌入类型经历了一个利用式联盟—探索式联盟—开发式联盟—战略式联盟。核心企业——广博集团先后构建了政府主导型——市场主导型——技术主导型——相互渗透型创新网络形式，进而导致企业创新网络嵌入类型经历了一个探索式联盟—利用式联盟—开发式联盟—战略式联盟。二者在孕育期与生存期的嵌入类型差别较大，甚至相反，这与企业自身发展背景与路径相关。

孕育期，欧琳集团受外部政策尤其是改革开放的影响，积极将海外先进厨房理念引入国内，掀起国内厨房新热潮，欧琳集团抓住机遇，充分利用欧式厨房技术，建立以利用式联盟为主的创新网络雏形。而对于广博集团而言，企业濒临倒闭的现实和受外部政策的影响，先后与不同企业建立合作关系，探索出属于自我发展需求的品牌，建立以探索式联盟为自主的创新网络雏形。

生存期，欧琳集团首次与企业、高等院校及研发机构等组织形成技术合作联系，获得能促进发展的资源与能力，寻求发展的新机遇，主要通过探索式联盟嵌入创新网络生存期。广博集团在该阶段实施“走出去”与“引进来”的双重策略，一方面，引用外部组织尤其是海外组织的技术资源，进行简单的改造创新；另一方面，广博集团积极走出去，利用海外市场，拓展自身市场占有率，主要通过利用式联盟嵌入创新网络生存期。

成长期，欧琳集团加强与国内外知名院校的合作关系，同时，融入世博、国奥等项目中，与创网络中的成员关系强度增强较为明显，建立与成员开发式联盟以更好地嵌入创新网络。广博集团建立与三星集团、海外设计研究所等的合作，共同开发出新的产品类别，建立与成员开发式联盟以嵌入创新网络之中。

成熟期，欧琳集团与广博集团嵌入类型都达到成熟阶段，均属于战略式联盟，战略式联盟寻求与组织成员合作的长期性，彼此间形成利益共同体。欧琳集团形成中央研究院、知名院校和设计研究所等的长期合作关系，形成共担风险、共享利益的联盟体系。广博集团通过收购的手段，形成与网络成员的长期强关系，构建战略式的联盟体系。

6.2.4 产品个性化主导企业创新网络嵌入方式

企业创新网络最关键的动力来源于对创新资源尤其是异质性资源的获取，这些资源对企业创新能力的提升起到重要作用，进而影响着企业创新绩效。为了获得这些资源，企业在构建创新网络前需要弄明白以何种方式嵌入创新网络中，构建比较完备的创新网络后，企业还需要考量以何种方式嵌入创新网络的中心位置，尽量让创新网络中的资源与能力可以作为企业自身创新能力提升的关键性资源，降低资源识别期限和利用成本。企业在嵌入创新网络过程中，除了需要思量以上问题外，还需要考虑其他问题，如企业嵌入创新网络后可能会获得相对理想的创新资源，但企业应该以何种方式利用好这些创新资源？企业嵌入创新网络会对企业创新能力产生直接的影响，但网络嵌入过程中企业获得的显性知识或者隐性知识该如何转化为企业自身的知识？这些问题从本质上来说，依然属于企业创新网络嵌入方式的问题。前面第5章，我们通过对产品标准化主导企业创新网络嵌入方式的案例分析，发现产品标准化主导企业创新网络的嵌入方式包括三种，即关系性嵌入、结构性嵌入和双重性嵌入，为企业嵌入创新网络的方式提供借鉴。本章节我们将对产品个性化主导企业创新网络嵌入的方式进行分析，以发现产品标准化主导企业与产品个性化主导企业创新网络嵌入方式的异同。

广博集团在企业发展的不同阶段，从创新网络系统的网络边缘位置逐渐向核心位置转移，企业创新网络的辐射范围越来越大，结点增多同时创新网络呈现中心辐射发散。广博集团通过依赖强社会关系网络，发现和识别创业机会，并对关键性资源进行筛选和保留，创建新企业。企业通过代工模式印刷生产包装品，将文化产业进行数字化传播，同时将文化嵌入消费中，不断调整产业结构。文具行业在国际国内都属于比较成熟行业，竞争方式由原先的单一价格竞争逐渐转向服务、管理、品牌等全方位的综合竞争。产品正日益向着品种多样化、产品高档化、设计人文化、材质环保化方向发展。广博集团通过并购重组整合互联网相关资源，完善跨境服务产业链，打造广博集团特色的传统与新产业互促式发展的新模式。先后大力发展电商业务，完善产品销售渠道搭建。公司文具电商业务定位于以“集团化采购、个性化服务、精准化营销”为核心，积极拓展以京东、天猫、淘宝为体系的多方合作生态，大力推进企业电商销售业务的健康发展，积极推进与一号店、苏宁易购、飞牛网等电商平台合作进展，通过不断完善线上销售渠道搭建，实现线上线下深度融合销售模式升级。

创业者基于情感关系以亲戚朋友为关键点的初始网络，即以情感信任为基础的关系网络存在脆弱性，但降低了交易的成本。资源在第二个阶段经过组织的转换成为商业化的对象，通过商业贸易不断寻求合作，进行市场关系交易调整与适应，这种弱关系获取的资源和机会存在较大的风险性和不确定性。在契约不完全的情况下，交易双方进行谈判，重塑网络秩序。网络中的关系各方不断熟悉，交易关系也变得越来越具体，交易各方出于利益考量，对彼此之间的信任开始有了共同的认知，从而形成认知性信任。随着企业间交易的稳定性增强，认知信任与情感信任交汇形成复合信任，促使社会网络与产业网络的融合，不断提升企业能力，推动企业走向成熟。企业间频繁发生的“交易重谈”，会使新创企业与其他的相关企业在相互的生意往来基础上形成一种情感性关系，由此出现认知性信任和情感性信任的不断汇集，形成一种包含认知性信任和情感性信任的复合信任。

基于以上分析，我们可以发现，广博集团在以情感信任为起点下，形成了两个阶段的嵌入。首先，在交易型嵌入中，广博集团通过模仿创新，经过技术复制进行产品代工，激活企业市场活力，在以情感为基础的信任关系网络中，带动技术输出进行技术升级。在后期的并购以及跨界多元化发展的过程中，将交易型嵌入发展为文化性嵌入，打造数字文化创意产品，进一步打破技术壁垒并与各大高校合作建立国内外营销基地和研究基地。此时交易型嵌入随着企业深入参与产业分工转变为关系型嵌入，情感信任逐渐理性化显现为认知信任。而后，广博集团尝试将传统文具产业与现代技术相结合，打造传统特色与新产业的融合，交易的频次不断增加而且趋于稳定状态，需要常态寻求新的交易实现创新绩效，认知信任开始增加情感因素进而变成复合信任模式。

欧琳集团与广博集团的切入点相同，是技术派革命家。与广博集团不同的是，欧琳集团以厨房文化为中间载体，不断强调服务和体验价值的加入来实现品牌的升级，一直将产品的品质与人性化功能作为重点。欧琳集团于1994年建立，而后推出“水槽”概念，引进欧式厨电以及一体化厨房，研发水槽智能台控以及水过滤技术，从国外引进专家进行技术研发指导，将现场烹饪融入展会，成立国内研发基地及“厨房用具材料工程技术研究中心”，打造智能化厨房工厂，参与世博会展并与意大利设计大师跨界合作，成立欧琳工业旅游院及研究中心。

结合广博集团和欧琳集团厨具两个案例企业的分析，基于企业资源基础理论和成长理论，从企业创新网络嵌入的结构特征、影响因素等方面着手，进一步将产品个性化主导企业分为核心企业与非核心企业，以便在横向分析的基础上，进行纵向对比分析，进而使得分析更加具体与全面。

创新网络的概念由 Freeman 在1991年提出，相关学者从结构嵌入性和关系嵌入性两个维度入手对创新网络展开研究。企业通常通过构建网络关系获取资源和能力来提升竞争优势，但是企业以何种形式嵌入网络以及嵌入的类型有哪些，具备什么特点依旧是一个值得深入研究的问题。

企业创新网络嵌入主要指企业通过经济行为和社会关系与企业创新建立经济和社会连接，形成创新网络嵌入。结合上述分析可以发现，本研究所研究的产品个性化产品主导企业的创新网络主体包括核心企业、制造商、供应商、代理商、科研院所、政府机构所构成（如图6－5所示），该网络主体将企业的需求与用户的需求相结合。

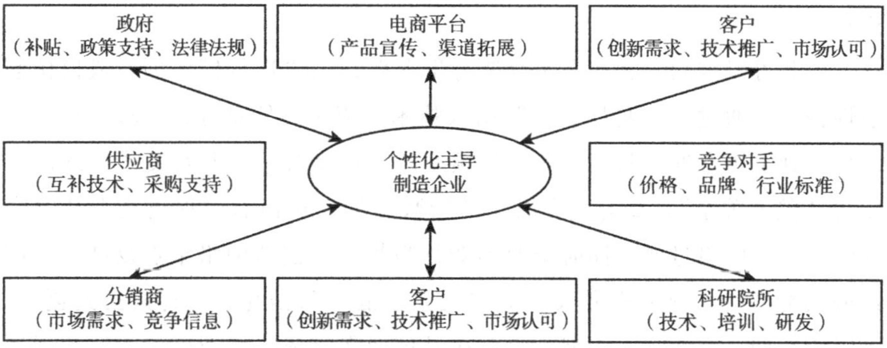

图6－5 企业创新网络生态系统

产品个性化主导企业创新比重大，企业自主创新要求相对较高。中国企业的创新经历过很长的过程，最早可以追溯为小步快跑的模式，最为常见的是技术模仿及以引进为基础的“二次创新”。二次创新模式是一种自主创新的模式之一，其路径为引进模仿——学习吸收——改进，对于实现新产品及其生产工艺以及销售的控制，同时能够获得自主知识产权。二次创新的模式包括模仿创新、创造性模仿、改进性创新三种，三种模式分别代表网络的“接入”以及“拓展”。模仿创新重在模仿微创新，通常指简单地对技术、设备以及制造工艺进行引进，并做适当的改进；创造性模仿指按照国际制造流程的标准，对生产过程进行适当地创新；改进性创新指在对技术、设备以及制造工艺进行引进基础上，不仅对生产流程进行创新，更要对技术研发进行自主改进。

首先，通过分析广博集团和欧琳集团两个案例企业可以发现，产品个性化主导企业在起步阶段关键的动作就是打开市场。在新创企业阶段，如何获取创业资源是企业要思考的问题，根据社会网络理论，社会网络的运用是新创企业获取资源及创造竞争优势的工具，创业者的个人关系网络是新创企业接触与获取外部资源的管道（曾一军，2007）。社会关系网络帮助企业获取原材料、供应商、订单等基本社会资源。随着分工的深化，产品从生产到运输、销售再到消费者形成产业链的结构，企业必须参与到产业分工当中，寻求互补的技术、信息、知识的支持逐步嵌入产业网络获得成长。初期企业处于产业网络的外围，要与对外具有封闭特征的产业网络发生联系，只有遵循市场商业规则，通过“交易性关系”与网内企业进行连接。

由此可以推测，企业在孕育期与生存期，主要进行模仿创新或模仿创造性创新，通过“交易性嵌入”引入技术、资源、信息等，寻求市场的切入口。到了生存期，随着企业交易频率的不断增加，“生人关系”逐渐转变为“熟人关系”，交易双方的信任指数增加，从而有效促进企业从社会网络向产业网络过渡，同时企业创新行为频繁，创新网络结点复杂化，网络嵌入类型由“交易型嵌入”向“关系型嵌入”演化，进行改进式创新。到了成熟期，企业关系型嵌入主要通过创业者完成，企业家的人际关系通过交易性关系表达出来，在以信任为基础的交易频率中从社会网络转移到产业网络，此时的嵌入从分离式嵌入向叠加式嵌入演化，实现自主式创新，如图 6 -6 所示。

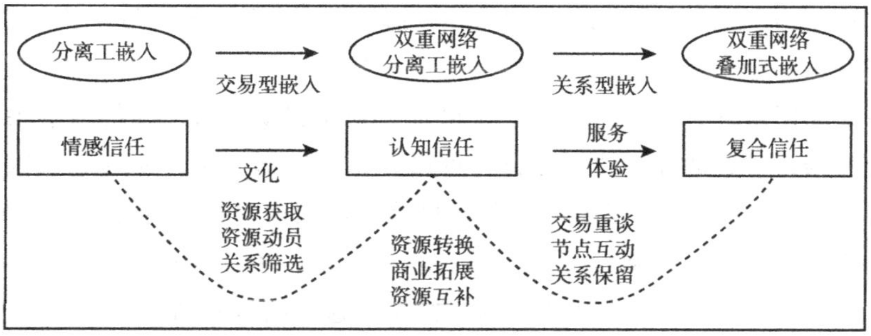

图 6-6 产品个性化主导企业创新网络嵌入方式

6.3 本章小结

本章节为双案例对比研究，并采用了复制方法对案例进行筛选，将广博集团与欧琳集团确定为案例研究对象，这两个案例遵循了差别复制与逐项复制的原则，即在理论条件基本相同的情境下，将观察到的特定现象，进行逐项复制以得到相似的结论，差别复制得到不相似的结论。在对这两个案例分别进行数据收集与分析的基础上，本章节主要讨论了产品个性化主导企业创新网络的结构特征、影响因素、嵌入类型及嵌入方式，并得出了以下结论。

结构特征方面。首先，产品个性化主导企业创新网络数量在各个发展阶段呈现由少变多的过程，网络主要成员，尤其是对企业创新发展起到关键作用的重要成员经历了由少到多的演变过程。网络数量在一定程度上决定了创新网络规模的大小。因此，产品个性化主导企业创新网络规模大致经历了很小—较小—较大—很大的过程；在网络规模和网络主要成员的共同作用下，产品个性化主导企业与创新网络成员的关系强度经历了弱关系—弱关系为主—强弱关系并存—强关系的演变过程。另外，网络规模与网络关系强度通过作用于成员间异质性指数的高低，进而促进产品个性化主导企业成员异质性指数经历了很低—较低—较高—很高的过程。其次，产品个性化主导企业创新网络结构整体特征方面，核心企业与非核心企业存在一定的差异，总体来说，核心企业比非核心企业更占据了有利的位置、网络也更加紧密，另外，核心企业与非核心企业在创新网络中的中心性、接近性等存在一定的差异。

影响因素方面。影响产品个性化主导企业创新网络演变的因素很多，也很复杂，对其进行归纳与分析，可以分为内外部两个方面的影响因素。具体来说，产品个性化主导企业创新网络影响因素包括政府行为、市场需求两个外部因素以及利益分配机制、利益驱动、学习机制、资源互补性、信用契约机制、协同机制等六个内部因素。这些因素共同作用与影响于创新网络嵌入的类型与方式。

嵌入类型方面，利用式联盟、探索式联盟、开发式联盟和战略式联盟构成了产品个性化主导企业创新网络嵌入的类型。但不同企业类型，其嵌入类型会存在一定的差异。非核心企业的创新网络嵌入类型在企业发展不同阶段，大致经历了利用式联盟——探索式联盟——开发式联盟——战略式联盟的演变过程，进而促进企业创新网络的不断成熟；对于核心企业而言，与非核心企业的差别主要存在于企业创新网络发展的初期，核心企业创新网络嵌入类型在企业不同发展阶段经历了探索式联盟——利用式联盟——开发式联盟——战略式联盟，二者间的区别主要与企业在创业阶段创新网络构建的影响因素有关。

嵌入方式方面。产品个性化主导企业在发展的不同时期，嵌入类型存在差异，第一阶段主要以交易型嵌入为主，后期发展为关系性嵌入，在这两个方面的作用下，企业在不同阶段的嵌入方式可以进行进一步的细化，大致分为分离式嵌入——双重网络分离式嵌入——叠加式嵌入，分别对应于孕育期和生存期、成长期、成熟期发展阶段。

产品个性化主导企业在不同时期受到不同的结构特征、影响因素、嵌入类型及嵌入方式的影响，核心企业与非核心企业也会存在一定的差异。但在整体上，产品个性化主导企业会经历模仿式创新——模仿创造式创新——改进式创新——自主式创新的过程，分别对应于产品个性化主导企业的孕育期、生存期、成长期和成熟期，具体如图 6-7 所示。

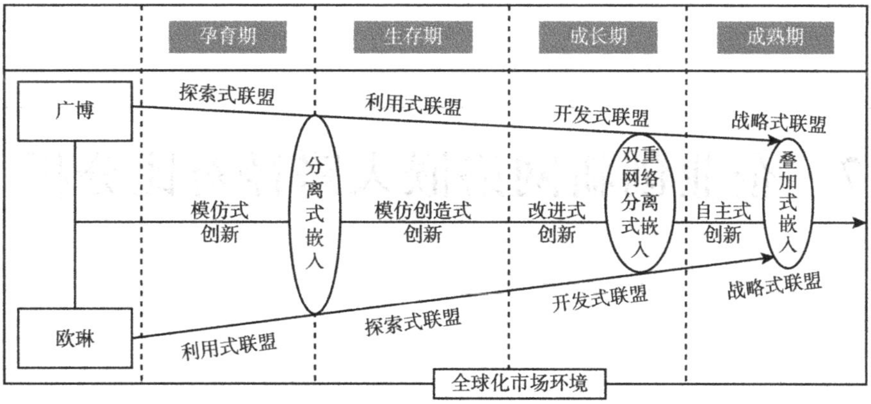

图 6－7　产品个性化主导企业创新网络嵌入路径模型

7 企业创新网络嵌入路径对比分析

7.1 企业创新网络嵌入结构特征

企业通过创新网络和局部创新网络获取内外部知识，尤其是企业处于形式比较危急的情况下，企业可以迅速在网络中与网络成员进行信息共享、交流沟通等，实现对创新资源的快速获取与整合利用，这便是企业创新网络结构对企业创新能力的重要影响。创新网络结构在整体上反映了网络成员间合作共享、信息沟通、资源学习等方面的动作，对于促进网络成员间的联系发挥了至关重要的作用（李守伟和朱瑶，2016）。处于网络化情境下的企业很难独立获取快速发展的资源与能力，创新网络的构建使得企业拥有更大的机会获得跨边界的外部知识与资源（黄昱方和范芸，2013）。对于企业而言，创建合理的创新网络关乎企业发展的未来，需要特别关注创新网络构建的方方面面。企业创新网络的网络结构构成了企业与网络成员间的互惠互利与高度信任关系，能够在创新网络中形成较强的联系与较高的资源互补性，协助企业解决在创新过程中遇到的困难，并能较大程度上帮助企业通过创新合作的方式解决这些问题。正是因为企业创新网络的网络结构具有如此大的作用，企业在嵌入创新网络的过程中，需要识别出网络结构的特征，这对于企业创新网络的构建和创新能力的提升具有一定的作用。

基于对产品标准化主导企业和产品个性化主导企业的案例分析，我们选取了一样的分析维度来剖析全球制造中企业创新网络嵌入的结构特征，即网络规模、关系强度和成员异质性指数，这三者之间存在一定的内在逻辑性：我们可以通过对案例企业的深入了解，分析其发展历程中具有代表性的事件，尤其是与创新网络构建相关的事件，形成对创新网络数量与网络主要成员的认知，网络数量的多少包含了企业创新网络中成员的数量问题，进而形成网络规模的描述维度，即多与少的问题，在此基础上网络主要成员的多少与网络规模的大小决定了网络成员间的关系强度。进一步地，网络规模与关系强度的分析决定了网络中成员异质性指数的高低。成员异质性是对创新网络结点关系的进一步分析，决定了成员间资源禀赋的差异性（孙凯等，2016），意味着企业获取创新资源的差异化。所以，企业总是不断寻求可以获得发展机会的创新资源，积极找寻可以合作的对象，随着企业不断发展与成熟，企业形成的创新网络也不断成熟。

通过对产品个性化主导企业与产品标准化主导企业创新网络嵌入结构特征的分析，我们发现两类企业创新网络嵌入的结构整体上呈现相同的特征，具体如图 7 -1 所示。从整体上来看，产品个性化主导企业与产品标椎化企业在不同阶段表现出不同的特征，大致形成“倒金字塔”形状的特征。孕育期，产品个性化主导企业与产品标准化主导企业与外部组织合作数量少，内容浅，网络规模很小，彼此间的关系强度很弱，形成的创新网络大致呈现“杠铃形”的特征。生存期是企业发展的关键转折期，关系企业能否进入下一个发展阶段，此阶段，企业合作的对象数量和类型有所增加，但网络规模依然较小，关系强度依然较弱，彼此间的异质性有所减弱，创新网络突破原有界限，大致呈现“触角形”的特征。成长期，企业进入快速发展的时期，在创新管理意识与手段上有所改善，积极寻求丰富的外部资源来弥补自身发展后劲不足的问题，进而将创新网络的区域拓展至第三重关系网络，网络规模较大，彼此间的关系较强，成员间的异质性进一步缩小，创新网络大致呈现“多触角形”的特征。成熟期，企业发展进入获利期，创新活动得到验证，众多的外部强大组织寻求与企业的合作关系，网络成员数量与实力达到前所未有的状况，网络规模很大，关系强度很强，彼此的一致性很小，进而呈现出“棋盘形”的创新网络特征。

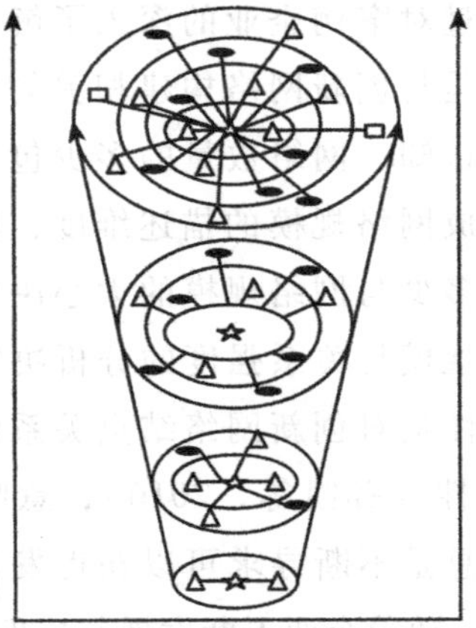

图 7-1　企业创新网络嵌入的主体特征

注：▲、☆、□、●表示企业创新网络成员，如企业、研究机构、供应商等。

基于以上分析，从整体视角来看，我们可以将全球制造下企业创新网络嵌入的结构特征依据孕育期——生存期——成长期——成熟期的发展历程，归纳为杠铃形——触角形——多触角形——棋盘形的发展结构特征，可以简单地理解为企业创新网络随着产品生命周期的发展，其网络成员数量由少转为多、网络规模由小变为大、关系由很多变为强、成员异质性由大变为小，进而形成“倒金字塔形”的企业创新网络发展特征模型。

本研究借助社会网络分析软件 UCINET6 对企业创新网络整体结构特征进行了可视化处理与数据测量。结果表明，首先，无论是产品标准化主导企业还是产品个性化主导企业，成熟期的创新网络都会逐渐成熟，网络密度不断增强，网络成员间的联系更加密切。但是，从内部具体情况来看，核心企业与非核心企业在网络结构特征上仍然存在一定的差异。一般来说，核心企业比非核心企业在网络整体结构特征各方面都存在一定的优势，这与企业的性质有关，因为核心企业先天比非核心企业处于优势的位置，更有利于构建其围绕自身发展的创新网络。其次，在创新网络行动主体位置特征方面，产品标准化主导企业与产品个性化主导企业存在一定的差异，尤其是网络行动主体之间存在一定的相似性，这也决定了企业在创新网络中是否与其他组织联系密切，或者企业是否处于创新网络的中心位置。从整体上来看，无论是产品标准化主导企业还是产品个性化主导企业，其核心企业创新网络占据更中心的位置，在创新网络中均能有效地获取资源与信息，相比之下，非核心企业则处于较边缘的位置，并不能及时有效地获取创新所需的资源与能力等。

7.2　企业创新网络嵌入影响因素

企业创新活动是一个系统的过程，受到方方面面因素的影响，企业创新网络的构建是网络各成员间协同发展的结果，在一定程度上，受限于网络成员间的协作因素的影响（王海军和张悦，2018）。因此，本研究主要从协同视角与动态演化的视角，分析企业创新网络演变的过程与规律。

从整体上来看，企业创新网络的影响因素主要来自内部驱动与外部驱动两个方面，任何企业在构建创新网络的过程中，都会受限于这两方面的影响因素，只是每个企业受影响的程度有所不同，进而形成具有一定区别的创新网络嵌入路径与规律。基于案例分析，本研究认为影响企业创新网络嵌入的动力来自企业内部和外部两个方面。内部影响因素，即企业自身影响因素方面，主要包括信用契约机制、资源互补性、协同机制、学习机制、利益驱动以及利益分配机制六个因素。外部影响因素方面，主要包括政府行为和市场需求两个具体因素，具体如图 7－2 所示。

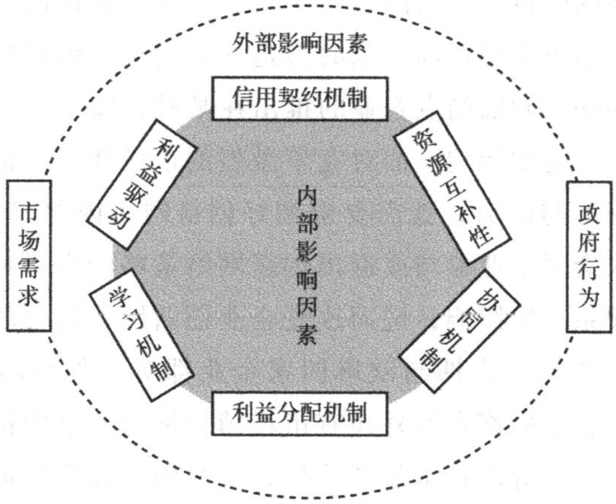

图 7－2　企业创新网络嵌入影响因素

7.2.1 外部影响因素

(1) 政府行为

政府行为是一种行政行为，政府部门是我国的行政机关。在我国，行政机关做出的行政行为具有强制性。政府为实现其既定战略目标以及相应的方针政策所采取的行为或具体措施将会对企业创新网络嵌入产生影响。政府能够为企业的创新网络嵌入活动提供一个适宜的政治、经济、文化与法律氛围，适当调控企业创新网络，引导、鼓励并推动企业创新网络各主体的创新。同时，政府可以通过借助基金项目以及科研活动等统一调度社会资源服务于创新活动，提供创新活动所需的硬件环境条件和服务体系。如江铃汽车与奇瑞汽车在其发展的孕育期，都受到了政府行为的影响，帮助二者获取了企业生存所必须的创新资源，为其创新网络的构建奠定了基础。

(2) 市场需求

替代品以及互补品价格、消费者行为偏好、居民收入水平、市场预期等都会对市场需求产生的影响。在市场经济条件下，市场需求是推动企业创新网络嵌入的根本动力，市场需求的容量和稳定性决定了企业创新网络嵌入的稳定性，市场需求的变化直接影响着企业创新网络嵌入的演化。企业进入创新网络的时机选择会随着市场需求的变化作出决定，同时，部分企业意识到自己不再满足市场需求时会选择自动退出创新网络。创新网络中新结点企业的加入和旧结点企业的推出在某种程度上会对企业创新网络的内部结构产生一定的影响。面对竞争激烈的市场环境，企业若想在创新网络获得创新资源与能力，就需要协调好创新网络内部成员的合作关系。所以，市场需求会对企业参与或退出创新网络策略产生影响，也会对创新网络中的主体关系产生影响，进而改变企业创新网络暂时的均衡结构。如江铃汽车与奇瑞汽车、广博与欧琳四家企业都对海外市场需求进行了跟踪。在此基础上，它们都在海外建有市场销售网络，借助销售网络等的力量，它们可以在海外寻求技术创新伙伴，获得国际先进的创新资源，进而为布局全球创新网络打下坚实的基础。

7.2.2 内部影响因素

企业创新网络嵌入的内部影响因素包括：信用契约机制、资源互补性、协同效应、学习机制、利益驱动以及利益分配机制六个因素。

（1）信用契约机制

信用既是一种规范，更是一种安身立命、获得长久发展的重要资源，在某些时候信用资源要比其他资源更有成效。企业创新网络构成的基础是诚信，信誉是企业创新网络成员择选合作对象的关键指标之一。企业创新网络中的成员主体因为彼此间资源与能力的有限性而结成相互合作的创新网络体系。创新网络的好处之一在于网络中的成员可以利用网络协调实现网络资源的共享，降低企业独立创新产生的高成本，这需要创新网络中各成员具有成分的信任机制，形成对彼此的高度信赖。在信用经济中，不仅仅是各主体间合作的意愿与彼此的信赖对企业创新网络维持产生影响，信用契约机制对其也产生了影响。通过四家案例企业的描述与分析，我们发现这四家案例企业在选择创新合作伙伴时都会优先选择具有一定国际影响力的企业，尤其是江铃汽车和奇瑞汽车在发展孕育期借助政府的力量分别与日本五十铃和英国福特建立合作关系，促进了创新网络的形成。

（2）资源互补性

企业创新网络嵌入需要对网络中各主体之间的资源互补性进行考查。由于单个个体所拥有的资源的有限性、资源的稀缺性以及个体之间拥有资源的差异性，企业自身很难进行创新，或者其自主创新的周期是较长的。通过加入创新网络，各企业拥有的互补性资源可以在网络中进行交换。创新网络中各主体通过相互合作实现专业化分工，整合各个主体的优势资源以降低创新的成本与风险、完成创新目标。因此，企业创新网络中各主体所拥有的资源是否具有互补性将会对企业创新网络嵌入产生一定的影响。结合案例分析，本研究认为企业构建创新网络是基于对企业资源获取的目的而产生的，企业在创新网络中可以获得足够的资源帮助企业不断完善创新网络。

(3) 协同机制

协同机制通过知识共享、信息与技术交流以及资源整合对企业创新网络嵌入产生影响。创新网络各成员主体间的联系，使得各成员在促进知识、信息以及技术合作时更加便捷，有利于创新网络中主体间获取互补性的知识、信息等资源，掌握行业的技术发展趋势，同时还有利于主体间共同承担研究成本、分担风险。企业创新网络的这种协同机制不仅使网络中各主体获益，同时也加深了主体间的信任与了解，增强了彼此间的交流与合作，有利于推动企业创新网络嵌入的发展。有效的协同机制能够促进双方协同的持续性，通过构建与整合企业内外部的创新资源，以促进组织之间的联合行动，从而完成组织的创新任务（蔡坚和杜兰英，2013）。

(4) 学习机制

企业创新网络所建立起来的相互联系将会是网络中主体间相互学习的通道，企业创新网络中的主体可以通过复杂的企业创新网络关系学习并获取其他主体的知识、信息以及技术等互补性资源，提高自身的创新能力。好的学习机制将会为企业创新网络嵌入提供互补性资源，带动整个企业创新网络内的知识、信息与技术等资源的快速流动，有利于提高整个企业创新网络应付不确定性因素的能力。在创新网络形成的初级阶段，主要是单向的学习，以了解与掌握其他成员拥有的知识、信息与技术为主，不会与其进行频繁的交流与合作。随着网络成员合作关系地不断深入，主体间的学习逐渐变成双向甚至多向，网络主体间彼此间的信任与依赖将得到增强，互动学习将逐渐成为主要形式，主体间知识实现共享，有利于推动企业创新网络嵌入。网络主体通过整合所学到的内部知识与外部知识，同时结合自身特点对这些知识进行吸引、调整与应用。

(5) 利益驱动

企业创新网络嵌入归根到底源于利益的驱动。随着技术领域与市场环境的快速变化，企业之间的竞争日益加剧。企业单凭自己的力量，很难保持自身的竞争优势。因此，利用各种创新资源提高自身的竞争优势成为企业必然的选择。而借助企业创新网络嵌入，网络可以利用相互合作的关系进行知识、信息、技术等的交流，共享创新资源，降低创新成本，分散创新风险，增强企业创新竞争力，并最终实现共赢。

（6）利益分配机制

企业创新网络嵌入本质上是利益驱动的结果，因此利益分配是否合理直接对企业创新网络嵌入造成影响。合理的利益分配机制是企业创新网络嵌入的动力。由于在创新网络中，各主体所扮演的角色、发挥的作用、所拥有的能力、投入的资源以及所承担的风险均可能不一样，各主体的付出也不一致，根据收益与负担对应的原则，各主体所分的利益应该有所区别。企业创新网络需要建立一个公平有效的利益分配机制，该机制分配的利益，不应该只包括经济物资，还应该包括无形资产、专利权、营销渠道以及用户忠诚度等。同时，创新网络主体所分配的利益应该与其在合作中所付出的成本以及所承担的风险保持一致。良好的利益分配机制有利于保证企业创新网络成果分配和成本分担的公平性，降低企业创新网络嵌入的风险，对企业创新网络嵌入起到导向性作用（解学梅等，2015）。

通过对江铃与奇瑞、广博与欧琳的案例分析，我们发现产品标准化主导企业与产品个性化主导企业创新网络嵌入影响因素在整体上区别不大，只是在内部微观方面有着各自的特点，如图7－3所示。具体来说，以江铃为代表的产品标准化非核心企业在不同时期的创新网络嵌入影响因素大致经历了学习机制和市场需求——利益驱动——信用机制——资源协同的过程，在这些影响因素的作用下，非核心企业构建起日趋成熟的创新网络；以奇瑞为代表的产品标准化核心企业在不同时期的创新网络嵌入影响因素经历了政府行为——市场需求——资源协同——信用机制的过程，在诸多影响因素的共同作用下，核心企业构建起能够带动企业快速发展的创新网络；而以广博为代表的产品个性化核心企业在不同时期的创新网络嵌入影响因素大致经历了政府行为——市场需求——学习机制——信用机制的过程，形成网络规模不断扩大、关系强度逐渐增强的创新网络；以欧琳为代表的产品个性化非核心企业在不同时期的创新网络嵌入影响因素经历了学习机制——市场需求与学习机制——利益驱动——资源协同的过程，形成网络规模日益扩大的创新网络。

基于以上分析结果，我们发现全球制造下我国企业创新网络嵌入的影响因素大致分为两大类情况：第一，非核心企业的创新网络嵌入主要以内部驱动为主，但产品标准化与产品个性化非核心企业内部具体影响因素有

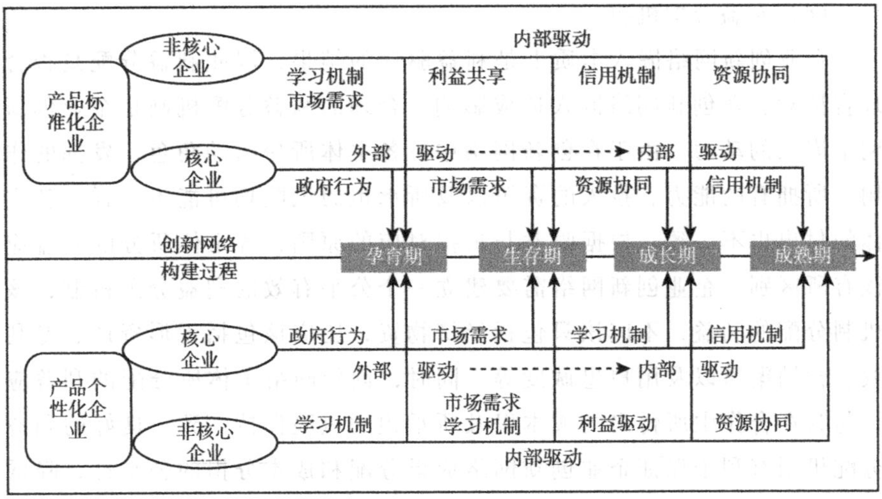

图 7－3 产品标准化与产品个性化主导企业创新网络嵌入影响因素

所差别；第二，核心企业的创新网络嵌入经历由外部驱动到内部驱动的过程，分别对应于企业发展的初期（孕育期和生存期）与发展成熟期（成长期和成熟期），但产品标准化与产品个性化核心企业内部具体影响因素有所差别。

7.3 企业创新网络嵌入类型

企业创新网络嵌入类型实质是创建创新网络联盟的过程（吴升，2016），创新网络联盟是多种重复的、持久的关系集合，其目的在于在公司间建立创新联系。之前，对于联盟的研究主要局限于合作双方，将创新网络与联盟结合进行考虑，可以非常清晰地认识到企业在构建创新网络过程中获得的快捷路径，还可以将对联盟的研究拓展至多边联盟网络。企业创新网络嵌入类型是企业创新网络构建与演化的一个重要议题，它决定了企业在构建创新网络过程中与创新网络结点组织的合作方式以及紧密程度，对企业各成员间的合作目的与需求和合作中的信任程度和共享程度产生一定的影响。

通过案例分析，我们发现企业创新网络嵌入过程其实是对联盟类型的选择问题，甚至可以将其等同于企业创新网络嵌入的类型。一旦企业通过创新网络形成并维护联盟时，企业的创新网络也得到了一定成长，间接甚至直接从网络成员那里获得创新所需的资源与能力，形成较强的关系。因此，创新网络联盟化对企业创新资源与知识的传递与互换提供了更便利的渠道，每个创新成员都在网络中扮演着不可忽视的重要角色。企业在选择以不同的联盟类型嵌入创新网络过程中，形成了一定的网络合作关系，这对企业创新能力的提升具有关键的作用。其中，直接的网络合作关系有利于企业间的资源互换与共享，而间接的网络合作关系也会对企业创新能力的提升产生重要的影响。同时，企业创新网络联盟化可以帮助企业寻求更广阔的创新资源获取渠道，促进企业对创新资源的获取与利用，而且企业创新网络在联盟体系中可以进一步降低创新成本和创新风险，保障创新的有效性。联盟具有不同的类型和形式。众多的学者在创新体制下，将联盟进行了不同的划分。大致可以归纳为开发式联盟、探索式联盟、利用式联盟和战略式联盟等四种。开发式联盟通过联合各类组织来延伸现有知识与技能，强调组织间的强关系；探索式联盟与陌生组织进行合作来开拓新的知识，为自身寻求新的机会，企业会经常更换合作伙伴，因此此联盟具有较大的不确定性和风险性；利用式联盟强调企业对外部组织资源的识别与利用，以便迅速形成自身可以直接实现小幅度技术进步的能力；战略式联盟形成与其他组织建立长期的合作关系，以便进入新的领域，形成相互合作、共担风险、共享利益的联合行动共同体，战略联盟是企业嵌入成熟创新网络最高级的类型方式。因此，以联盟为载体或类型的创新网络对于企业创新能力的提升具有关键的作用。创新网络联盟化也是一个不断演化的过程，其网络结构随着企业创新能力与企业发展阶段呈现动态变化。所以，企业应该识别并选择合适的创新网络嵌入类型，构建以联盟为基础的创新网络，才有可能在创新网络中占据更加有利的位置。

通过对产品标准化主导企业与产品个性化主导企业的案例分析，我们发现两类企业的创新网络嵌入类型存在较大的差别，主要体现在：从嵌入的类型数量来看，产品标准化主导企业创新网络嵌入类型在初期（孕育期、生存期和成长期）以探索式联盟为主，在成熟期演变为开发式联盟，且核心企业与非核心企业呈现相似的特征，这与产品标准化主导企业自身的发展特点有关。产品标准化主导企业受内外部影响因素的驱动，在初期寻求合作伙伴，已达到获得长久生存的可能性；到了成熟期，企业可以获得足够的实力与意愿进行开发创新。对产品个性化主导企业而言，其创新网络嵌入类型主要有开发式联盟、探索式联盟、利用式联盟和战略式联盟，但核心企业与非核心企业在不同发展时期嵌入的类型存在一定的差异性，这是因为核心企业与非核心企业的创新网络影响因素存在区别，核心企业创新网络嵌入影响因素有外部驱动向内部驱动转变，形成探索式联盟、利用式联盟、开发式联盟和战略式联盟的嵌入过程；非核心企业主要受内部驱动的影响，形成利用式联盟、探索式联盟、开发式联盟和战略式联盟的创新网络嵌入过程。这些联盟嵌入方式充分体现了产品标准化与产品个性化主导企业在创新网络嵌入类型上的异同。

不同类型的创新网络嵌入类型为企业提供了更加丰富的创新能力提升的机会，因为多种嵌入类型可以为企业提供充足而有效的知识资源和更广阔的创新寻找范围，这些资料来源于不同的组织，使得企业在寻找的过程中达到创新最优化，也可以帮助企业朝着既定的创新方向发力。通过对产品标准化与产品个性化主导企业的案例分析，可以发现四个案例企业虽然在进行具体的创新网络嵌入类型选择时具有一定的差异，但它们都会选择以创新网络联盟的形式进行了创新网络嵌入，并始终朝着联盟化的方向不断寻找合适的创新网络成员，最终推动其不断走向成熟，成为行业内具有一定影响力的企业。

7.4 企业创新网络嵌入方式

作为创新网络的一个重要手段，企业创新网络嵌入方式发挥着重要的作用。企业嵌入创新网络中决定了企业在网络中所处的位置，进而制约和影响着企业对一切资源与能力利用的有效性，进一步影响着企业的创新绩效。即对企业创新绩效起到作用的影响因素包括两个方面：一是网络的整体特征，二是企业嵌入创新网络时所处的网络位置。同时，创新网络的嵌入能够为企业提供充足的外部互补性资源与信息，有研究表明，不同创新网络的嵌入方式对企业自身的创新绩效存在着显著的影响（孙启贵，2014）。任何企业想要在网络中获得领先位置，就应该在网络中构建其属于自己的核心位置，进而获得关键资源与信息。任何企业都会与外部组织产生一定的关系，这时企业会嵌入一个由多种关系交织在一起的网络体系中，随着企业开始向创新网络模式转变，企业技术创新水平也得到提高。所以，网络嵌入与企业创新效率之间存在着某种内在的关系。网络嵌入可以看做是网络成员间的一种关系，也可以看做网络成员间的合作方式，网络嵌入过程中企业更加关注在整个结构中是否占据绝对中心的位置，是否在信息传播路径中处于绝对优势的位置。

企业创新网络嵌入方式分为不同的类型，本研究针对产品标准化主导企业与产品个性化主导企业的发展特征，将企业创新网络嵌入方式分为两大类、六小类。基于案例分析以及创新网络的内部与外部互动性，可以将企业的创新网络嵌入方式分为结构性嵌入、关系性嵌入和双重性嵌入（即结构性嵌入与关系性嵌入的综合）。结构性嵌入主要分析企业创新网络结点间的结构特征及影响，此嵌入方式属于物理属性嵌入，如主体在网络中的位置、规模、密度等，这种嵌入方式使得网络成员间的关系大多都是非正式的，企业在这种方式下更加关心是否在网络中处于核心的位置，以便以优势的地理位置获得创新所需的资源与能力。关系性嵌入主要分析企业创新网络各结点间的关系特征及影响，此嵌入方式依靠情感与信任关系建立嵌入路径，可以用关系强度来描述，这种嵌入方式要求企业关注网络成员彼此的需求与目的，更要求企业间能达成较好的资源共享机制。结构性嵌入与关系性嵌入都会给企业创新绩效带来不同的影响。双重性嵌入则是对结构性嵌入与关系性嵌入的双重分析，此嵌入方式是建立在前两种嵌入方式基础之上的强化嵌入，可以用成员异质性指数进行表示，是指企业既可能采用结构性嵌入，又可能采用关系性嵌入；既有可能先采用结构性嵌入，再采用关系嵌入；也有可能结构性嵌入与关系性嵌入同时采用。基于创新网络的嵌入形成过程，又可以将企业的创新网络嵌入方式分为分离式嵌入、双重网络分离式嵌入和叠加式嵌入，分离式嵌入是基于“交易关系”的嵌入方式，企业在遵循商业基本规则的基础上，建立网内企业关系；双重网络分离式嵌入是“信任关系”的嵌入方式，是在分离式嵌入基础之上的更进一步的嵌入，以此建立与更多企业的网络关系；叠加式嵌入则在前两种嵌入方式的基础上实现创新网络间的叠加，以囊括更多的合作组织与创新体系。这两种嵌入方式类型能够为企业构建围绕自身的创新网络创建捷径，也需要认真识别其中的差别，选用适合自身的嵌入方式，以更好地融入甚至控制创新网络。

通过对产品标准化主导企业和产品个性化主导企业两类企业的四个案例的分析，我们对两类企业创新网络的嵌入方式进行对比分析，期望能够构建适合我国制造企业创新网络的一般方式，具体如图7－4所示。

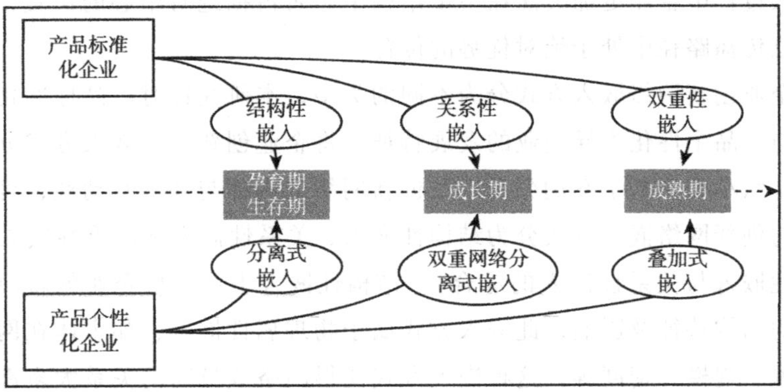

图7－4　企业创新网络嵌入方式

产品标准化企业创新网络嵌入方式基于网络间互动性，形成结构性嵌入——关系嵌入——双重性嵌入方式演变过程。孕育期和生存期，产品标准化企业以寻求外部组织为主要落脚点，以获得快速生存发展的可能性，因此属于构建以扩展网络规模的结构性嵌入方式。成长期，企业进一步拓展创新网络体系，扩展网络规模，建立与外部合作组织的强关系，属于以建立强关系为目标的关系性嵌入方式。成熟期，企业的创新网络达到足够的成熟与足够的规模，需要同时构建与维持网络规模与关系强度，属于双重性嵌入方式。

对于产品个性化主导企业，其创新网络嵌入方式主要依靠嵌入的过程特征所体现，形成分离式嵌入——双重网络分离式嵌入——叠加式嵌入的创新网络嵌入方式过程。具体来说，孕育期和生存期，产品个性化主导企业与产品标准化主导企业的不同主要体现在于前者利基于交易关系，后者利基于生存法则，从而形成不一样的创新网络嵌入方式，产品个性化主导企业属于分离式嵌入。成长期，产品个性化主导企业与产品标准化主导企业的不同主要体现在前者关注与成员的信任度，后者更关心关系强度，产品个性化主导企业属于双重网络分离式嵌入。成熟期，产品个性化主导企业与产品标准化主导企业的相同处体现在均是对前两个阶段的综合体现，只是二者前阶段的创新网络嵌入方式存在一定的差异，所以形成两者在成熟阶段存在差异，对于产品个性化主导企业而言，其创新网络的嵌入方式属于叠加式嵌入，是对孕育期和生存期、成长期创新网络嵌入方式的总结体现。

基于以上分析，我们发现企业创新网络嵌入方式存在一定的异同，相同性是从横向比较得出的，即同类型企业（如产品标准化主导企业或产品个性化主导企业），无论是核心企业还是非核心企业，其创新网络嵌入方式基本相似，且都呈现阶段演化的特征；不同点是从外部横向比较得出的，即不同类型企业（如产品标准化主导企业和产品个性化主导企业），其创新网络具体嵌入方式是不同的，但都呈现阶段演化的特征。这充分说明企业在构建创新网络过程中需要对企业自身的性质以及企业所处阶段进行一定的判断，选择合适的嵌入方式以形成利于企业发展的创新网络。

7.5 本章小结

企业创新网络不同于常规社会网络，有着其特殊属性。创新网络作为一种服务于企业创新系统化的基本制度安排（张路蓬，2016），其网络架构在于促进企业与企业间的创新合作。企业创新网络具有动态性，是因为创新网络中的资源、知识等要素在各组织间不断流动、更新。作为一个比较开放的网络系统，企业创新网络促进了网络成员间为降低创新成本、获取创新资源而加强创新的合作。所以，越来越多的企业积极融入创新网络中，有的企业甚至构建围绕自己企业为核心的创新网络，形成良好的创新生态系统，保障企业的创新能力。

本章研究建立在第 4 和第 5 两章研究基础之上。在对产品标准化主导企业与产品个性化主导企业创新网络嵌入的结构特征、影响因素、嵌入类型和嵌入方式的案例分析基础上，本章旨在对这两大类企业创新网络嵌入的特征进行对比分析，以发现两者的异同点，进而提炼总结出我国制造企业创新网络嵌入的一般路径。基于此，本章选择从企业创新网络嵌入的结构特征、影响因素、嵌入类型和嵌入方式四个方面进行跨案例分析，并得出以下的结论：

（1）企业创新网络嵌入结构特征方面。首先，企业创新网络经历了杠铃形——触角形——多触角形——棋盘形的阶段性发展结构特征，这意味着企业创新网络的结构具有周期阶段发展的特性，随着企业发展，企业创新网络内部成员网络成员数量由少转为多、网络规模由小变为大、关系由强变为弱、成员异质性由大变为小，进而形成“倒金字塔形”的企业创新网络发展特征模型；其次，结合社会网络分析软件 UCINET6，本研究对企业创新网络整体结构特征进行了分析，通过对比发现，无论是产品标准化主导企业还是产品个性化主导企业，成熟期，其创新网络都会逐渐成熟，网络密度不断增强，网络成员间的联系更加密切。另外，核心企业比非核心企业在创新网络中占据更有利的中心位置。

（2）企业创新网络嵌入影响因素方面。整体上，企业创新网络受到内外两方面影响，通过案例分析，我们发现外部影响因素来源于市场需求与政府行为两个方面，内部影响因素包括信用契约机制、资源互补性、协同效应、学习机制、利益驱动以及利益分配机制六个方面。基于对案例对比分析，我们发现非核心企业的创新网络嵌入主要受内部驱动为主，但产品标准化与产品个性化非核心企业内部具体影响因素有所差别；核心企业的创新网络嵌入经历由外部驱动到内部驱动的过程，分别对应于企业发展的初期（孕育期和生存期）与发展成熟期（成长期和成熟期），但产品标准化与产品个性化核心企业内部具体影响因素有所差别。

（3）企业创新网络嵌入类型方面。研究发现受嵌入影响因素的制约，产品标准化主导企业与产品个性化主导企业创新网络嵌入类型有所差别：对于产品标准化主导企业创新网络嵌入类型在初期（孕育期、生存期和成长期）以探索式联盟为主，在成熟期演变为开发式联盟，且核心企业与非核心企业呈现相似的特征；对产品个性化主导企业而言，其创新网络嵌入类型主要有开发式联盟、探索式联盟、利用式联盟和战略式联盟，但核心企业与非核心企业在不同发展时期嵌入的类型存在一定的差异性，核心企业创新网络嵌入影响因素有外部驱动向内部驱动转变，形成探索式联盟、利用式联盟、开发式联盟和战略式联盟的嵌入过程；非核心企业主要受内部驱动的影响，形成利用式联盟、探索式联盟、开发式联盟和战略式联盟的创新网络嵌入过程。

（4）企业创新网络嵌入方式方面。基于嵌入影响因素与类型的研究，本研究发现产品标准化主导企业与产品个性化主导企业创新网络嵌入方式存在差异性，具体来说，产品标准化主导企业创新网络形成结构性嵌入——关系嵌入——双重性嵌入方式演变过程；产品个性化主导企业创新网络形成分离式嵌入——双重网络分离式嵌入——叠加式嵌入的创新网络嵌入方式过程。

8 优化全球制造中我国企业创新网络嵌入的对策与建议

为进一步提高我国制造企业创新网络的构建能力，推动我国制造业创新发展，早日实现我国建设创新型国家的宏伟目标，根据本研究内容及相关结论，本研究分别从企业创新网络嵌入环境、企业创新网络本身以及企业创新网络成员三个维度对如何优化全国制造中我国企业创新网络嵌入提出对策与建议。整体分析主线为“宏观 – 中观 – 微观”，逐步深入、层层递进，如图 8 – 1 所示。

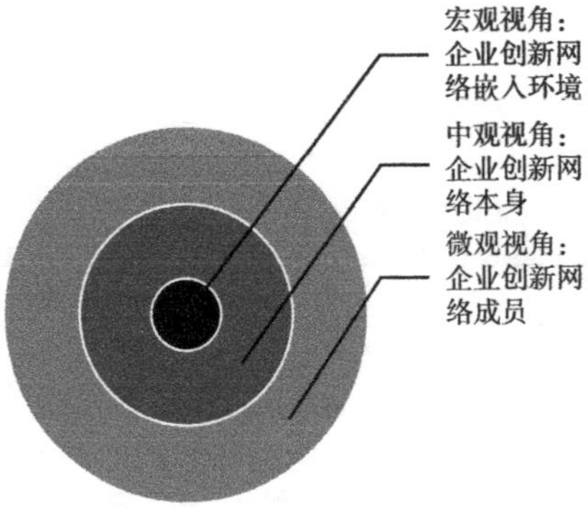

图 8 – 1　优化对策与建议的三个视角

8.1 优化企业创新网络嵌入的环境

全球化、网络化与制造业转型升级已经成为了未来企业发展不可避免的趋势，所以企业能否在这一背景下实现创新网络形态将关系到企业未来能否成功突破发展方向与营建未来发展动力。在当今经济活动中，企业创新网络将会驱动企业创新模式的转变与整体功效的提升，但企业创新网络的构建与维护并非某些企业“闭门造车”可以实现，必须认识到政府机构、合作组织、行业协会等对企业创新网络嵌入环境的优化至关重要，这将对我国制造企业自建或参与创新网络起到积极的推动作用。

8.1.1 拓宽全球化合作交流渠道，推动创新网络高效形成

根据本研究的结果，我们发现全球化合作对企业创新网络构建与创新能力的提升具有明显的正向作用，全球化环境具有不确定性，企业自身很难在全球化合作中快速识别与适应环境，因此政府及相关行业协会要在其中发挥牵引作用，帮助企业拓展有利于参与全球最新科技合作和交流的渠道，更加有效地引导制造型企业的创新方向，尤其推动企业技术创新活动与国际接轨，形成依托于全球创新中心的带动辐射体系。另外，不同地区企业创新网络构建的渠道与方式存在一定的差异性，政府应该作为“中间人”，妥善处理好地区差异。一方面，深化市场经济体制改革，减少“看得见的手”对创新资源配置的扭曲，加快国有企业改革，缓解国有企业与私营企业创新资源不平衡的现象，为创新网络形成创造更为公平的市场环境；另一方面，充分发挥关键点作为创新中心的媒介作用，促使更广区域建立更庞大的创新网络体系，拓展网络中创新资源与信息快速流动与扩散的渠道。同时，推动创新网络持续发展与稳步运行，从而提高创新网络的整体创新能力。

8.1.2 深化产学研多维合作，推动创新网络结构持续完善

本研究结果表明，创新主体获取创新资源，如信息和知识的途径越匮乏，就越会限制创新网络的创新能力提升，国家政策的扶持能够促进企业创新网络的快速构建与维持，对企业创新网络的创新能力能够产生积极的影响。在政府政策的影响下，企业获得的网络规模愈加庞大，能帮助企业

维持较强的网络关系强度，成员间的异质性也会愈加逐步缩小，便于提升双方的综合实力。

从整个产业层面看，企业创新能力的提升离不开与科研院所、研发中心等的合作，但上述机构属于国家机构，民营企业难以直接触及或深入挖掘所需资源。因此，政府应该加强宏观调控，充分发挥其引导的作用，积极鼓励制造型企业、科研院所、高校等共同建立研发中心或技术实验室，进一步深化产学研的深度合作；在科技研发合作建立的框架下，共同开展重大技术难题攻关、研发与落地，促使企业技术创新能力实时更新，促进高校和科研院所等的科研成果的成功转化与运用，实现创新思维的落地实践，也促使各创新主体形成长期紧密而又稳固的合作交流关系。因此，政府需要为各创新主体搭建多方合作的平台，充分发挥其纽带与桥梁的作用，促进创新网络内外信息的传递与共享，带动整个社会创新活动的发展。

8.1.3 优化产业创新环境，推动技术市场一体化发展

本研究结果表明，创新环境不仅直接对创新网络嵌入产生重大效应，还可以通过进一步加强国际联系、加大创新投入等间接地对创新网络嵌入产生影响。所以，建设良好的产业环境对提升我国制造企业创新网络建设具有突出的作用。

首先，政府在引导与推动方面要有所作为，完善我国制造领域科技创新基础设施的建设。具体来说，政府可以引导制造型企业转型升级，提供一定的资金支持以及相应的配套设施，加快建设为企业服务的高新科技园区，引导企业甚至是海外企业、高等院校、科研院所等机构入驻；同时，在政府的扶持下对入驻者提供一定的政策法规、法律咨询、资金扶持等服务。另外，利用政府的政策影响，制定科技园区内基础设施的运行管理办法等，从而建立一个利于各创新网络主体进行技术合作交流的服务环境。

其次，在创新市场环境下，技术与市场对于企业来说是同等重要的，所以，为提升我国制造型企业创新能力，整个产业环境需要实现技术市场的一体化。一方面，打破国内不同区域间的市场界限限制；另一方面，跨

越市场国际界限，推进不同国家、不同区域创新主体以及创新要素等的自由流通。为了实现制造领域技术市场的一体化建设，政府应该为社会创新提供创新受益保障机制、进一步活跃技术创新市场的交易，进而刺激各创新主体的创新源动力，实现产权交易的一体化。同时，为了维持技术市场的产权交易，政府应该制定一定的产权交易法规，反对无序交易，鼓励有序、安全交易，以保障创新成果的有效利用。

最后，产业内的市场发展具有局部差异性，比如我国东西部发展水平不一，国内国外技术水平差异明显，这需要政府及行业协会发挥协调作用，鼓励经济发达、科技实力雄厚的东部制造企业建立共同的技术市场，发展到一定水平之后，向中西部制造领域扩散辐射，另外，鼓励企业先整合国内创新资源，在国内建立良好的技术交易市场，发展到一定水平后，再将海外创新主体囊括进来，最终形成全面的统一技术市场，优化产业创新环境。

8.1.4 构建技术研发创新体系，推动制造行业创新水平提升

以全面创新提升制造企业竞争力是企业创新能力构建的根本驱动力，是行业创新水平提升的核心驱动力，是国家战略发展的关键驱动力。制造企业的创新发展，应着力于自主创新能力的提升，这就需要政府：第一，加大对企业创新研发投入，引入创新资源与能力，最大限度地激发企业创新活力；第二，突破核心技术垄断限制，掌握关键技术的获取与运用能力，创造与提升行业创新水平；第三，充分利用产业宏观技术基础与能力资源，聚集各方创新资源与能力，构建适合企业发展的技术研发创新体系，加大产学研合作力度，促进技术成果转化，形成提升行业研发能力整体水平的创新链，进一步完善创新激励机制，最大限度地激发社会科技创新的积极性与主动性。

在实际的战略推进过程中，则需以政府引导为前提，发挥政府和企业在技术研发创新体系创建、维护、升级等方面的共同作用。一方面，政府和企业都需要加大对技术创新的投入力度，政府需要加大行业基础创新研究投入，完善公共财政对行业研发投入机制，提升公共财政资金流向对行

业基础研究的支持，充分发挥政府在行业创新中的引导作用。加快制定社会金融对制造业创新能力提升的资金支持，降低企业的社会融资成本，建立技术创新与社会金融协同发展的对接平台，为制造行业提供专业技术评估等服务。企业自身需要着眼于能提升技术创新发展的精准技术，协调各方关系与资源，促进企业创新能力提升。另一方面，政府与企业应加快制造技术从单点颠覆向群体延伸转变的速度。集群延伸与快速扩散是现代制造业发展的重要趋势，多领域创新技术交叉促进推动制造行业技术创新不断升级，引进与培养综合性人才，促进多学科领域协调发展，交叉学习，支持协同创新与开放式创新，加速制造产业技术集群发展速度。

8.2　优化企业创新网络本身

8.2.1　提高网络成员间信息传递水平

木研究深入探索了创新网络嵌入的结构特征。结果表明，网络规模越大，整个创新网络成员异质性较高，找寻到适配创新资源的机会较大，网络关系越强的企业，其彼此间的异质性越小，企业在创新网络中直接获取创新资源的可能性也就越大。然而，企业创新网络的结构特征的变化并非其中某个企业的举措所能带动，需要联动整个企业创新网络的结点，齐心协力实现创新网络的信息化。从这一角度来说，创新网络中的所有企业均需要提高与其他创新网络成员间的信息传递次数，并携手拓展更加宽广的网络边界，容纳更多的创新网络结点组织。创新网络中的组织成员应当突破地域的界限，积极与本区域外的重要创新成员建立长期合作关系，进行深度合作，以便获得更多的稀缺或互补性资源，比如通过合作协议的形式与海外企业、海外高校、海外研发机构等建立技术创新合作关系，拓展企业创新网络的边界，构建具备国际全球化的创新网络体系。

除开拓新的创新网络结点组织之外，企业创新网络的主要控制者，如政府机构、行业协会代表及占据核心地位的制造企业还应该积极号召维护与创新网络成员的合作关系，高效持续地进行信息传递与交流，提升创新网络信息交互的积极性，并从以下两个方面着力：一是推动企业创新网络自主衍生多边技术合作的创新平台，以便信息更好地进行互换；二是推动创新网络成员间进行实时的供需交流，了解彼此技术创新发展的痛点与难点，以便各成员能有针对性地提供互补性资源。

8.2.2 强化网络成员间多元链接关系

处于开放、共享的创新情境下，创新网络整体联结能力的提升才能有效增强网络效益，搭建广阔的基础平台，为身处其中的我国制造企业充分挖掘企业外部资源打下坚实的基础。具体实施可从以下三个方面展开：

第一，企业创新网络规模应该不断拓展，即持续纳入可有效补充企业创新网络的成员，加强新入者与原有成员的交流与联系，将高校、科研机构、政府、咨询机构、其他企业等有组织有计划地囊括到企业创新的各个环节，从而不断丰富创新网络合作对象，满足我国制造企业创新的知识与信息需求；第二，在构建与完善创新网络的过程中，创新网络本身的异质性需进一步加强，即企业在拓展网络规模的同时，需要考虑与不同行业、不同类型、不同实力、不同规模企业建立一定的技术创新合作关系，尤其是对企业发展具有重大作用的结点组织，这将有利于企业自身可以获得大量具有一定价值的知识信息，提高企业创新能力与所处创新网络的效率；第三，强化企业创新网络成员定向与随机的联系，形成强关系的创新网络形态。创新网络成员间的关系强弱影响了整个企业创新网络的活动，在一定程度上决定了其中企业获取创新资源的数量与质量，某企业成功建立并维持强关系的相关企业越多，其创新资源识别、获取、利用的效率将更高。因此，企业创新网络中的所有组织成员均需立足自身，以更加积极的态度与外部结点组织建立并维护良好的关系，搭建与外部结点组织合作的桥梁，并不断向创新网络中心靠拢，占据创新网络的有利位置，在合作关系中成为主动方，有利于实现创新网络结构化。

8.2.3 制定合理的网络管理机制

企业创新网络的顺利运作离不开合理的网络管理机制，主要包括进入与退出机制、合作机制以及沟通机制，这些机制的共同作用将有效实现创新网络标准化。

企业创新网络的进入与退出机制决定了企业创新网络的规模与组成结构，影响其运作活力与发展前景，因此必须在网络建构初期制定完善。企业创新网络的发展壮大伴随着网络新成员的参与，企业需要在网络内部营造一种鼓励网络新成员进入的良好环境氛围，一方面，缩短对新进入者的考核时间，以便一些成熟的企业和具备较强研发能力的科研机构、高校等能够比较顺利地进入创新网络之中，与企业进行创新合作；另一方面，为了使创新网络能不断保持一定的创新积极性，提高成员间的资源与信息分享率，企业应该对于一些比较落后的网络成员设定惩罚机制，比如适当提高其在网络中获取共享信息的资格条件，严重落后或者在网络中贡献不大的成员甚至实行清退措施，以保障创新网络新鲜血液的循环，促进其健康发展。企业创新网络的合作机制应遵循地位平等、利益共享的原则，设定具体方案以合理评估合作效益，并以合作效益为前提决定合作对象与合作模式，而非单一地以品牌知名度、当前生产规模、合作年限等某一原因决定合作关系，而相关合作信息可适当在创新网络中予以公示，推动网络成员各司其职、发挥自身的资源优势。企业创新网络的沟通机制应包括整体沟通以及细化到网络成员相互之间的沟通。整体沟通更多强调企业创新网络所有成员的参与，主要采取线上信息交互的形式，可尝试开发专属的信息系统，满足实时互动、定期交流、数据存储及分析等功能；双方沟通则更多双方的理解与认同，因此在线上信息交互的基础上，需进一步开拓建设的沟通载体，如线下会议、定期互访、集体团建等。

8.3 提升企业创新网络成员的创新能力

作为一个制造业大国，中国若想实现从“制造大国”向“智造大国”、从“世界工厂”向“创意工厂”的转变，亟须加强与外部组织的合作，以提升自身的自主创新能力。当下，移动互联网改变着人们的生活与生产活动。

在全球制造的大背景下，立足全球视野构建企业创新网络已经成为国家、区域、企业及个体解决知识资源非均衡、满足创新所需隐性与非隐性知识的一个重要途径（陈志明，2018）。其中，企业无疑扮演着执行者的重要角色，对企业而言，整合全球优势资源而形成的创新网络是企业内部创新体系的有效补充，有利于企业降低研发成本，防止相关研发计划的搁浅，加速学习及获取新的知识资源并将其作用于符合自身产品服务需要的技术升级过程，这就要求我国制造企业要充分认识到全球制造中企业创新网络对企业“链接多方资源尤其是全球资源、实现后发赶超”的战略意义，争做全球制造中企业创新网络的核心成员，并从多个维度发力以有效提升自身创新能力，强化在所处创新网络中的话语权。

8.3.1 立足创新全球化战略

20世纪80年代起，借改革开放之东风，我国通过“代工贸易”方式嵌入全球制造网络，成为制造全球化的主要推动力，我国逐步成为服装、鞋、食品、汽车等品牌产品的“世界工厂”，并以“市场换技术”“市场换知识”等为主要举措，以引进、消化、吸收再创新为技术创新的核心战略，在较短的时间内形成了一定的技术积累和知识基础，为我国制造企业成功“走出去、引进来”保驾护航。但本质上，数十年之后，曾经的捷径布满荆棘，我国制造企业大多数仍被禁锢于以美、日等发达国家及其跨国企业为主导者的价值链分工格局中，不少企业处于价值链底端，扮演着毫无技术含量的“搬运工”“打工仔”角色。此外，我国优势企业的核心技术、设备遭到美国等国家日益严重的封锁。因此，我国制造企业更应立足创新全球化战略，主动参与创新全球化的组织、计划之中，积极利用更广范围内的创新资源实现关键技术的突破，优化企业价值创造的途径，提升企业价值创造的能力，致力于在全球价值链分工中创造有利局面。

创新全球化战略符合时代大势，是我国制造企业寻找技术突破、市场突破、品牌突破的重要前提，主要体现在如下两个方面。第一，发达国家企业增长乏力，创新资源准入门槛降低。欧美等发达国家企业正面临着新技术革命、市场竞争压力与变化程度加深的巨大压力，也需要接受新技术、新模式的嵌入以降低自身风险，同时，我国消费升级背景下蓬勃发展的消费市场亦受到国外企业的追捧。第二，高度匹配我国战略环境。我国正大力倡导以“一带一路”为核心的全球化战略以及创新驱动发展战略，而“一带一路”的本质就是协同。在战略支持的背景下，拥有长期技术积累沉淀和品牌知名度的欧美等企业与拥有广阔市场、大规模制造、新技术探索应用优势的我国企业在发展战略层面几乎完全契合，而企业创新网络则是落实这一契合关系的重要组织形式，通过紧密合作，两者可实现资源与能力的互补并携手开辟新的商业版图。

立足创新化战略可以从宏观和微观两个角度具体实施。从宏观角度，企业决策层需深入了解本行业的全球价值链构成，努力掌握价值链的中高端环节，并主动组织或参与品牌构建、市场营销、工程承包、技术研发、创意生产等创新活动，在跨空间、跨组织的边界上将相对分散的创新资源整合起来。从微观角度，企业应将创新全球化战略融入企业文化之中，强化员工对此战略的认同感，激发其主观能动性，并使其在相关战略合作落实时充分发挥知识与能力。只有上下齐心，企业才能真正把握时机，从创新全球化中受益。

8.3.2 探索多样化创新路径

目前，我国大多数制造企业无法在较短时间内融入企业创新网络的原因主要有二：一是企业本身承载的创新资源不足，难以在创新网络中占据主导地位，过于直接的创新网络嵌入方式效用较低；二是当前企业的创新策略大多为简单引进消化吸收再创新，因此企业在价值链上承担的职能过于基础，长期以往创新能力可能会不升反降。实际上，在全球制造的背景下，我国制造企业要想创新，必须在充分借助国内相关创新资源的基础上获取国外的创新资源，并适当借助企业创新网络将两者融于一体，获取、重组、利用资源，建构多样化创新路径。

多样化创新路径来源于多元的创新关系和多元的创新组织，前者是国内创新资源整合的重点，后者则是国外创新资源整合的重点。因此，面向国内市场，我国制造企业需与紧密联系的上下游企业、用户、消费者、同行、科研机构、社会组织等合作，组建创新联合体，提升企业创新附加值。面向国外市场，我国制造企业可依据企业所处价值链位置，从以下三个方面着力：第一，企业实力较强者，可在国内或国外设立专业型公司来对接国际组织或企业的创新网络，如海尔、联想、华为等，可以制定与实施全球制造战略，建立以自己为核心的全球制造网络，在世界范围内配置资源，寻找低成本的资源与能力，参与全球合作与竞争（彭新敏等，2016）；第二，企业实力中等者，在海外设立或合作设立本产业的研发机构，以产业组织为载体自建小型全球创新网络，作为创新网络的参与者，从技术角度破局，以期获取更全面的全球创新资源；第三，企业实力较弱者，可以利用在全球制造网络在世界范围特别是向发展中国家延伸发展这一历史机遇，积极融入跨国公司主导的全球制造网络，参与全球制造网络中的分工合作，并努力升级与国外制造商的联系。如新兴互联网企业、传统加工制造企业等在硬件资源或软件资源任何一方有较大劣势者，需要依托国家政策或行业协会搭建的组织从边缘嵌入全球创新网络，意为寻求先进的技术解决方案并从中寻找合作机遇，此外，初创企业不具备网络参与实力且自身资源积累过少，可通过社交网络嵌入互联网群体建构而成的全球创新网络，其进入门槛最低，可直接获取更多的信息、经验、知识、人才等资源。例如，He（2017）提出我国高铁领域的中国铁建股份有限公司和手机通讯领域的华为，在大力提升内部创新能力基础上都充分利用全球创新资源构建了自主创新网络，结合市场与技术优势，通过海外建研发中心、加入国际组织等方式实现内部和外部创新体系的有效耦合，最终掌控技术制高点，成功在激烈的国际竞争中夺得话语权。

8.3.3　定制阶段创新模式

对于制造企业而言，企业创新能力的形成不仅来源于对内部资源与能力的识别、选择、获取与利用，还需要企业敢于突破自我，打破传统思维，将发展的目光瞄准外部组织资源与能力，合理识别、选择、获取与利用外部资源与能力，以便促进组织内外部资源与能力的有效整合，构建合理的网络组织，令内外部资源可高效协同、利用，真正实现“1 + 1 > 2”的效果，才能不断迭代企业的创新能力，上述网络组织某种程度上就是企业创新网络。立足于企业自身，企业创新网络既可以是主动发起也可以是被动参与，但始终绕不开制度和技术，制度是维持企业创新网络运作的重要机制，体现各企业对创新网络的认识，技术是企业创新网络中互动最频繁的核心因子。因此，企业可以基于制度创新与技术创新两个维度转化从企业创新网络中获取的资源，提升制造企业的创新效率与创新能力，但在具体实施的过程中，必须基于企业实际情况来决定创新模式，如企业所处生命周期等。

本研究结果表明，在制造企业的不同成长阶段，企业创新网络的成员数量、成员异质性指数、关系强度、合作方式以及网络功能等方面各有差异，企业创新网络对其中某一特定企业的影响有特殊性，同时，企业创新网络的动力影响机制表现也有所不同。因此，我国制造企业在企业创新网络中的创新模式需紧密结合所处发展情境，强调“定制”这一概念。在初创阶段，企业创新的关键词为“快速积累”。企业需抓住一切机会，以技术实力、模式特性等相关优势资源吸引同行业优势企业、投资机构、专家学者的支持，甚至只是作为边缘角色参与到某区域层级的企业创新网络之中，以此快速累积创新所需的基础资源，营建企业“护城河”；在扩张阶段，企业创新的关键词为“小步快跑”。企业通过推动合作项目、协同开发可规模化产品等方式将资源进行有效利用，激活企业创新网络中的部分交互关系，使企业在消费市场中获得认可；在转型升级阶段，企业创新的关键词为“战略导向”。企业则应该基于自身战略转型方向，牢牢把握企业创新发展态势，在信息传递与知识获取等方面保持一定的敏捷性，从中抓取所需的信息、知识等资源输入企业技术创新体系，推动企业“又准又快”地匹配战略。此外，产品质量是制造企业在市场中保障竞争力和生命力的基础，企业应将“工匠精神”融入自身技术创新的过程中，提升品牌的知名度和信誉度。例如，中国海尔集团是全球制造型企业，其在国际市场上的崛起可以用“不断创新、优质服务”来概括，用优质的无氟节能的绿色产品打开国际市场大门并不断进行技术创新、制度创新、管理创新，为中国制造企业“走出国门，走向世界”树立了榜样。

总而言之，转型升级的过程对于企业创新能力的要求更高。这一阶段，企业必需重点关注内外资源的整合，识别市场需求，把握国家宏观调控政策，为企业的成功转型奠定基础。此外，在企业创新网络的构建过程中，由于所处不同成长阶段的情境差异，企业创新网络的演化路径也存在一定差异。企业应根据自身实际状况，注重基于企业创新网络资源的创新模式的设计与系统功能的使用，借助创新网络承载的资源与能力，通过一系列企业创新活动，实现企业创新生态圈的构建，进而将其生态价值反馈于企业创新发展。

8.3.4 提升自主创新能力

企业构建创新网络是一个循序渐进的过程，从初步构建、网络边缘到网络中心的演变，实质是企业在创新网络中主导作用的发挥程度问题。因此，企业需要增强自主创新能力，逐渐在创新网络中发挥主导作用，才能真正获得企业创新网络的核心资源调配资格。我国制造企业提升自主创新能力可从以下四个方面发力：

第一，增强企业自主创新的实力。技术是企业创新的核心驱动力，所有企业均应有意识地加大研发投入，在企业创新网络中处于优势地位的企业可对研发投入持续增长、拥有自主知识产权成果并形成良好经济效益的企业给予支持，并展开双赢的合作。需要注意的是，企业在投入研发的过程中必须站得更高更广，多考虑整个行业乃至整个国家的资源与需求。所有企业需面向社会重大需求开展研发，重点支持企业围绕服务国家战略、化解经济社会发展重大难题开展创新，建立创新网络体系。优势企业应基于技术创新需求，构建专业产业技术创新研发生态系统，促进行业上下游优势资源与能力互补，提高企业组织技术研发和产品创新的能力，逐渐向网络中心靠拢。

第二，强化企业共生协同创新能力。企业应加强与高校院所、产业联盟共建研发机构和开展研发合作，建立联合开发、优势互补、成果共享、风险共担的产学研用合作机制，构筑“学术教授+专职产业研究教授+产业科学家+职业经理人”的多方协同创新模式，提升对企业创新研发的相关理论研究，支持技术创新相关实践活动。促进行业联盟和社会协会融入技术创新平台，最大限度地促进创新资源共享和供需有效对接。支持企业参与重大项目研发和产业化，支持社会机构搭建校企、企企的对接平台，促进融合创新发展，逐渐在创新网络中占据重要作用。

第三，提升企业技术标准和品牌竞争力。企业研发团队需要与行业技术联盟、社会协会达成多方协同合作共识，共同提升专业技术的创新能力。企业应积极参与相关行业领域的标准制定，实现社会技术规范化。企业需要加快自主品牌的建设，鼓励创建和培育知名品牌，以高影响力、高附加值吸引更多的网络成员。

第四，提升企业整合全球创新资源能力。企业可以通过人才与技术引进、合作研发、建设联合技术研发中心等方式实现全球创新合作，汇集全球创新能量助推核心区创新发展，形成全球创新网络体系，并在其中占据主导作用。

本研究结果表明，企业构建创新网络的主要目的在于为企业创新发展服务，实现以创新促发展，以创新促改革，所以企业在构建创新网络过程中需要加大对科研水平的关注度。

一方面，企业可以通过建立自己的科研部门与技术研发团队，近年来，越来越多的企业，比如华为、江铃汽车等对科研部门的经费投入比重越来越大，最终创造的价值也更加丰富，解决了在企业发展过程中的重大难题；另一方面，企业需加强与高校、科研机构的合作，以资金换取适当的关键技术，随着技术发展水平的提升，网络中心越来越向科研机构的方向倾斜，高校与科研院所除了能为企业创新网络的构建提供人才支持与培养机制，也是创造高价值知识资源的主导力量，从某种程度上来说，高校与科研院所的科研水平决定了企业创新网络的成功率。但市场需求并没有能够直接激发高校与科研院所进行知识开发的动力，所以我国制造型企业应当重视对其科研的经费投入，以更加丰富的渠道和形式增加对科研的投入，注重提升技术研发能力与重大难题解决能力，加大对高精尖人才的培养，深度加强与高校、科研机构、其他企业之间的合作，比如对于一些重大科技项目可以邀请高校与科研机构的参与，对于为企业创新网络构建与创新能力提升的个别单位进行特别嘉奖，为创新网络成员尤其是为企业创新能力提升的高校、科研机构等的科研提供一定的物质保障，以实现与关键创新网络成员的长期合作关系。

8.3.5 合理借力创新网络驱动因素

本研究结果表明，企业在构建创新网络的过程中会受到内外部因素的影响，企业发展的不同阶段，其创新网络的驱动因素存在一定的差异。如何识别企业创新网络发展机遇与能力，实现创新网络的快速形成，是企业需要应对的一个关键因素。

从创新网络构建的外部驱动力来说，主要包括政府行为和市场需求等。对于政府行为，一方面，企业需要实时跟进政府法律法规等，充分了解与利用政府为企业发展所提供的便利条件，将政策机遇的作用发挥到极致；另一方面，针对某些政策阴影点，对企业创新能力提升具有重大作用的因素，企业应该做好“建言人”的角色，将制造生产与创新实践过程的难题反馈给政府，从自身实践出发，为政策行为建言献策，促进政策行为的规范化与体系化。市场需求是影响企业构建创新网络的另一大外部关键因素，市场需求具有较大的不确定性，为企业创新能力目标的实现带来一定的困难，从企业出发，一方面，应该有针对性地对市场需求变化进行采集，以实时跟进市场需求变动，化被动为主动；另一方面，应该围绕市场需求变化对企业创新网络进行不断调整，即有针对性地改变对合作对象的关注差异，以更好地快速适应市场变化。

从创新网络构建的内部驱动力来说，主要包括信用契约机制、资源互补性、协同效应、学习机制、利益驱动以及利益分配机制六个方面。首先，企业应该在不同的发展阶段，识别利于创新能力提升的内部驱动，以更好地构建适合发展阶段的创新网络；其次，企业可以结合使用内部驱动力，从多方面对企业创新网络进行构建，保障企业创新网络创建质量与速度；最后，将内部驱动力与外部驱动力结合起来，在内外联合的作用下促进企业创新网络构建的全面性。

9 研究结论与展望

9.1 研究结论

基于动态演化等视角的相关研究多从创新主体内部组织结构的变化对企业建立跨区域联合的角度，探讨企业创新网络的主体构成、网络结构特征、空间格局以及演化路径等，忽视了不同类型企业，尤其是不同类型的制造型企业创新网络的构建过程。本研究以江铃汽车和奇瑞汽车、广博和欧琳分别代表的产品标准化企业和产品个性化企业为案例对象，从微观角度出发，关注在全球化背景下，制造型企业创新网络的具体构建措施。本研究通过案例分析，得到以下的结论。

在全球化背景下，制造型企业如何充分利用外部知识资源实现技术创新能力的提升，在企业构建稳固的国际合作关系的过程中如何围绕自身形成资源丰富的创新网络体系，这是一个具有非常重要理论意义和实践意义的课题。本研究以我国制造型企业为主要研究对象，从创新网络的角度切入，对企业创新网络构建的一般规律进行深入剖析，围绕创新网络嵌入的特征、影响因素、类型与方式展开分析，以理清我国制造型企业创新网络嵌入的过程。

由上述全球制造中我国企业创新网络嵌入路径构建的研究发现得出，产品标准化主导企业与产品个性化主导企业呈现出不同的特征，两类企业中的核心企业与非核心企业创新网络嵌入路径与特征也存在一定的差异性与共同点。究竟制造型企业的创新网络嵌入的特征是什么？类型是怎样的？影响制造型企业创新网络演化的因素有哪些？嵌入的方式又是怎样的？本小节将基于前述内容进行更加深入分析与总结。

（1）在不同时期，企业创新网络嵌入的特征不同，且呈现阶段演进的规律。

企业创新网络嵌入特征可以从不同的角度进行分析。目前，学术界普遍认可的是从关系特征和结构特征两个角度进行分析，其中关系特征表示企业与创新网络中的结点组织关系亲密程度，这将直接影响到企业能否真正获得外部资源，一般用强弱维度进行描述；结构特征则表示企业与创新网络中的结点组织的物理特征，如规模、多少、大小等，本研究主要选取网络规模进行描述。另外，本研究选取了“成员异质性指数”这一既包含关系特征又包含结构特征的维度进行描述。

通过对产品标准化主导企业与产品个性化主导企业创新网络特征的分析，可以推导出我国制造型企业创新网络嵌入的一般特征，可归纳为如图 9－1 所示中的三维模型。研究发现，企业创新网络嵌入过程中，其创新网络规模会经历很小——较小——较大——很大的发展过程；其关系强度会经历很弱——以弱关系为主——较强——很强的发展过程；其成员异质性指数会经历很低——较低——较高——很高的发展过程。由三维模型图可以发现，企业创新网络嵌入的特征在某种程度上反映了创新网络演化的过程，所以，企业在构建创新网络的过程中不可忽视创新网络嵌入的特征。

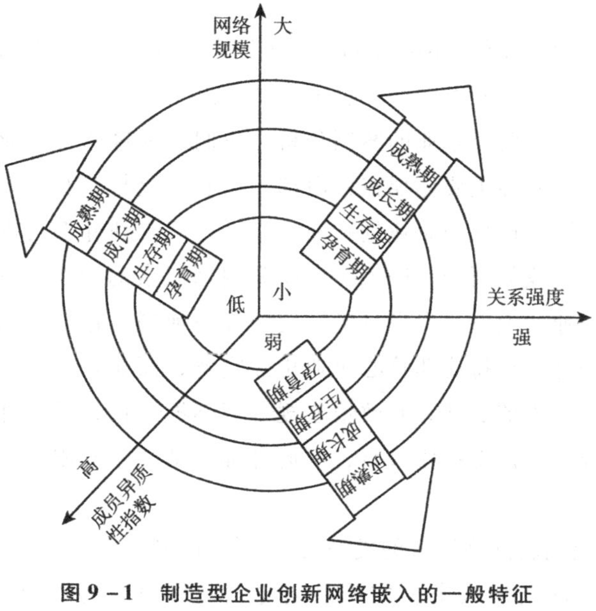

图 9－1　制造型企业创新网络嵌入的一般特征

(2) 不同企业创新网络嵌入的影响因素不同，但基本上分为内部驱动与外部驱动两个方面。

通过文献梳理，发现企业创新网络嵌入的影响因素大致分为内部动力，包括信用机制、资源协同、学习机制、利益共享等；以及外部动力，包括宏观调控与市场需求两个方面。结合对江铃集团和奇瑞集团、广博集团和欧琳集团四个案例的分析，发现企业创新网络嵌入的影响因素呈现一定的规律。具体分析如下：

①不同时期，企业创新网络嵌入的影响因素不同。

结合产品生命周期，本研究将企业创新网络的构建过程分为孕育期、生存期、成长期和成熟期四个阶段，每一个阶段代表着企业创新网络发展成熟度的不断提升。因为企业发展具备各自发展的独特性和某些方面的难以模仿性，所以，每个企业创新网络构建影响因素具有一定的独特性。另外，这与企业自身在不同阶段对自身发展的战略不同有关。通过案例分析，我们发现，产品标准化主导企业与产品个性化主导企业在每一阶段进行发展的战略会存在不同，比如江铃汽车在生存期就选择进行技术交流合作，而广博在生存期进行市场开拓，并未触及技术的引进，所以企业自身发展战略的不同决定了企业在不同时期创新网络嵌入的影响因素存在差异。

②不同类型企业创新网络的嵌入影响因素具有一定的差异性和趋同性。

在本研究中，不同类型企业表示产品标准化企业和产品个性化企业两类企业。通过对这两类企业的案例分析，我们发现这两类企业创新网络嵌入影响因素的差异性主要体现在：内部非核心企业与核心企业创新网络嵌入影响因素不同，即核心企业创新网络嵌入先后收到外部与内部两方面的影响；非核心企业创新网络嵌入主要受到内部因素的影响。具体来说，核心企业处于产业的上游，自身具备一定的优势前提，包括政策法规等先天优势，拥有的外部支持比非核心企业更加完备，而非核心企业处于产业中下游位置，发展不够成熟，对政策法规理解不够透彻，寻求外部支持的能力有限，主要通过内部探索进行，因此外部驱动因素有限，以内部驱动因素为主。

(3) 企业创新网络嵌入的类型具有多样性的特征。

企业创新网络嵌入类型实质是创建创新网络联盟的过程（杨张博，

2018)，创新网络联盟是多种重复的、持久的关系集合，其目的在于在公司间建立创新联系。之前，对于联盟的研究主要局限于合作双方，将创新网络与联盟结合进行考虑，可以非常清晰地认识到企业在构建创新网络过程中获得的快捷路径，还可以将对联盟的研究拓展至多边联盟网络。

在创新网络中，联盟具有不同的类型和形式。众多的学者在创新体制下，将联盟进行了不同的划分。大致可以归纳为开发式联盟、探索式联盟、利用式联盟和战略式联盟等四种。开发式联盟通过联合各类组织来延伸现有知识与技能，强调组织间的强关系；探索式联盟与陌生组织进行合作来开拓新的知识，为自身寻求新的机会，企业会经常更换合作伙伴，因此此联盟具有较大的不确定性和风险性；利用式联盟强调企业对外部组织资源的识别与利用，以便迅速形成自身可以直接实现小幅度技术进步的能力；战略是联盟形成与其他组织建立长期的合作关系，以便进入新的领域，形成相互合作、共担风险、共享利益的联合行动共同体，战略式联盟是企业嵌入成熟创新网络最高级的类型方式。

通过对产品标准化主导企业与产品个性化主导企业的案例分析，我们发现两类企业的创新网络嵌入类型存在较大的差别，主要体现在：从嵌入的类型数量来看，产品标准化主导企业创新网络嵌入类型在初期（孕育期、生存期和成长期）以探索式联盟为主，在成熟期演变为开发式联盟，且核心企业与非核心企业呈现相似的特征，这与产品标准化主导企业自身的发展特点有关，产品标准化主导企业受内外部影响因素的驱动，在初期寻求合作伙伴，已达到获得长久生存的可能性，到了成熟期，企业可以获得最够的实力与意愿进行开发创新。对于产品个性化主导企业而言，其创新网络嵌入类型主要有开发式联盟、探索式联盟、利用式联盟和战略式联盟，但核心企业与非核心企业在不同发展时期嵌入的类型存在一定的差异性，这是因为核心企业与非核心企业的创新网络影响因素存在区别，核心企业创新网络嵌入影响因素有外部驱动向内部驱动转变，形成探索式联盟、利用式联盟、开发式联盟和战略式联盟的嵌入过程；非核心企业主要受内部驱动的影响，形成利用式联盟、探索式联盟、开发式联盟和战略式联盟的创新网络嵌入过程。

（4）企业创新网络嵌入的特征、影响因素、类型等决定了企业创新网络形成的路径。

本研究通过文献回顾，发现现有研究对企业创新网络嵌入特征、影响因素、类型等与企业创新网络形成路径的研究基本上是分开探讨的，很少将其联系起来，分析其中存在的内部关系。本研究对案例进行对比分析，试图剖析企业创新网络的演化过程，发现其具有以下的三条路径：

①企业通过外部学习和理解性吸收提升了企业的内部资源价值。一方面，我国制造型企业基于内部驱动与外部驱动的影响，主动学习和吸收外部组织的知识、人才和技术等关键性的先进要素，并不断将其转化为自身创新能力的驱动来源；另一方面，我国制造型企业通过构建开发式联盟、探索式联盟、利用式联盟和战略式联盟等创新网络联盟，主动嵌入全球创新系统之中，基于地理临近可以学习并利用体系之中的能够为自身使用的创新资源与能力。

②结点组织通过共享与合作强化创新网络间的互动联系、拓展企业合作与创新的渠道。一方面，初步构建创新网络的企业，基于一定的网络嵌入影响因素，如市场需求、政策驱动等内外部驱动因素为前提，以嵌入形成一定的网络联盟为其共同目标，能够与网络中的结点组织共享多边的营销渠道、品牌以及创新资源等，企业在行业中的品牌效应得到大幅度提升；另一方面，企业创建创新网络后，结点组织能够建立一定的信任关系，双方通常会加强基于项目的研发合作与人才交流，这样的合作交流一般具有较高的创新能力，不断深化创新网络中的关系与结构性嵌入，甚至深化了双重性嵌入的方式。

③企业通过主导与控制的方式在创新网络中占据绝对的创新优势，形成良好的创新布局。一方面，随着企业发展能力的加强和与结点组织合作关系的深化，企业会逐渐在创新网络中占据一定的优先权，以便宏观上把握利于自身发展的资源流动；另一方面，企业通过建立与海外组织的合作来扩大创新网络的规模，并与之形成更为长久的合作关系，提升多边的关系强度，降低彼此的异质性，最终形成围绕自身为中心的创新网络。

9.2 理论贡献

(1) 综合考量了企业创新网络嵌入的结构特征。众多学者对企业创新网络的结构特征进行了分析，但大多研究较为分散。本研究基于“个体——整体”的视角对企业创新网络结构特征进行了综合分析。对于创新网络中的个体，本研究利用案例研究分析了网络密度、网络规模以及成员异质性指数三大结构特征；对于整个创新网络，本研究借助社会网络分析方法，对行动主体位置特征进行分析，并与个体视角研究得出的结构特征进行对照，达到验证结构的目的，为研究企业创新网络嵌入的结构特征提供了新思路。

（2）从动态演化的视角对企业创新网络的嵌入与演化过程进行分析，基于全球制造背景下提出了企业创新网络的演进规律。目前，企业创新网络嵌入研究集中于静态的视角，较少涉及对企业创新网络演化机理等规律性研究（胡海波和黄涛，2016）。企业创新网络的嵌入是一个动态演化的过程，因此，在对企业创新发展过程进行阶段划分的基础上，本研究利用案例研究等方法对企业创新网络的影响因素、嵌入类型和嵌入方式进行系统分析，发现企业在不同阶段，企业创新网络受到不同内外部因素影响，进而导致了企业创新网络嵌入类型与方式的阶段性差异。

（3）清楚界定了不同类型企业创新网络嵌入的异同性。通常情况下，不同类型企业创新网络因其产品特性和行业位置等产生差异。本研究从横纵两个方面对我国制造企业进行了划分，横向划分为产品标准化主导企业和产品个性化主导企业，纵向划分为核心企业与非核心企业，并选取合适的案例企业进行创新网络发展过程分析。在此基础上，本研究对不同类型的企业创新网络进行案例对比分析，发现其中的异同点，保证所提出的企业创新网络嵌入模型具有较强的普适性。

9.3 管理启示

本研究以全球化背景下我国典型的制造企业作为案例研究对象，探讨了全球制造中企业创新网络嵌入主体特征、影响因素、类型和方式等问题，研究结论对于我国制造企业走向全球化具有一定的借鉴意义。

第一，建立以企业为核心的创新网络。全球化和网络化成为制造企业发展的趋势，如何在竞争激烈的国际市场占得先机成为制造企业全球化发展的关键问题。因此，企业需要适时调整自身的发展策略，构建自身的创新网络，不断拓展自身的边界，提高资源的利用效率，打破产品及技术瓶颈，建立自身的核心优势。

第二，整合企业资源。既要挖掘自身内部的创新资源，也要打破传统发展思维，合理借鉴及利用外部资源，并通过技术及制度创新等方式实现创新网络资源的合理转化，不断挖掘新的资源，借助创新网络的资源及能力，不断完善自身的创新网络，构建企业创新生态圈。

第三，注意不同发展阶段的创新网络构建。虽然创新网络构建是我国制造企业全球化发展的重要方式，但企业在不同发展阶段的创新网络关系强度、成员数量、外部情境等均存在差异。因此，企业需密切关注市场情况并结合自身实力，适时发展创新网络，不可操之过急，但也要注意与同行业的竞争。尤其在企业转型的关键时期，需从宏观上把握企业的创新发展态势，实现内外部创新网络的协同驱动。

9.4 局限与展望

9.4.1 研究局限

本研究从创新网络嵌入特征、影响因素、嵌入类型和嵌入方式等方面进一步延伸了企业创新网络理论，得出了三条企业创新网络嵌入的一般演化路径，也为国内制造型企业构建创新网络提供了一定的实践指导。但本研究仍主要存在如下四方面的局限性，有待后续进一步研究。

第一，案例研究方法方面。尽管探索性案例研究的合理性和典型性已经得到众多学者的认可，但案例研究方法本身存在一定的局限性，尤其是其外部效度与概括性还存在一定的争议。本研究将一手数据与二手数据相结合，以保障案例研究数据的丰富性。但访谈方法具有回顾性的特点，容易导致受访者夸大或者回避某些事件发生的真相；另外，二手数据经过多次修改与传播，数据的真实性也较难得到保障。但本研究案例数据收集进行了长期跟进，采用了正式调研访谈与非正式调研相结合的多种数据收集方法，力求确保收集到的案例数据具备一定的准确性与饱满度。

第二，案例对象选择方面。本研究将我国制造型企业按照产品特性分为产品标准化主导企业和产品个性化主导企业两大类，有根据企业在行业中所处地位进行进一步划分，分为核心企业与非核心企业两类，基于如此的分类，选取了江铃集团和奇瑞集团、广博集团和欧琳集团两大类别中的四大企业作为案例研究对象，呈现较强的对比性，如江铃汽车以引进、消化、吸收、创新的创新特征为研究对象，奇瑞汽车以原始性创新为研究对象等。尽管本案例在对象选择上一定程度符合我国制造型企业产品创新的特点，且使得相关理论对比的意义较为显著，但有可能忽视了个别特殊案例创新网络构建的一般特征。

第三，理论视角选择方面，本研究基于全球化背景深入探讨企业创新网络嵌入的一般规律，能探明企业创新网络的演化过程。然而，当今社会信息技术得到飞速发展，企业在“互联网+”“数字化智能”“商业生态圈”等方面受到的影响越来越大，结合不同理论视角，深入分析不同的情境下企业创新网络演化的过程将有助于推动企业创新网络主体更好地调整战略方向，促进企业创新网络主体的整体创新水平提升。

第四，研究内容方面，本研究聚焦于制造型企业创新网络嵌入的特征、影响因素、嵌入类型以及嵌入方式等方面，以探索研究制造型企业创新网络嵌入的演化路径。尽管上述问题对于企业创新网络构建的研究十分重要，但囊括的内容有待进一步细化与补充，且并非每个问题都能与实践中的管理问题相对应。

9.4.2 研究展望

基于对上述本研究局限的深刻认识和对我国制造型企业创新网络构建路径的研究结论，未来研究可以从以下四点展开。

第一，研究方法方面，为了更好地探索我国制造型企业创新网络嵌入的一般路径，本研究采用了探索性的案例研究方法。未来可以考虑使用量化分析的方法进行统计分析，以完善企业创新网络演化的一般路径。

第二，研究对象方面。后续研究可以通过对象范围拓展到我国制造型企业其他行业领域的企业，进而更加系统和全面地构建制造型企业创新网络演化路径和基本理论。

第三，研究视角方面，本研究重在剖析企业创新网络演化的相关问题，采用了动态演化、企业成长理论等研究视角。未来研究可以在此基础上进行延伸，比如探索企业创新网络对企业发展绩效的作用，企业创新网络与企业战略协同影响、新经济时代下企业创新网络优化升级策略等，进而实现对企业创新网络研究主题的升华，完善相关理论，为企业创新发展提供理论与实践指导。

第四，研究内容方面。未来方向可从研究、开发和应用三大群落间合作创新来展开我国制造型企业创新网络嵌入路径的研究主题，并进一步界定核心企业与非核心企业创新网络演化的边界条件与范围，以深入提炼具有中国情境的创新网络嵌入路径。

附　　录

附录1　全球制造与全球创新网络现状调查问卷

全球制造与全球创新网络现状调查问卷

尊敬的女士/先生，您好：

万分感谢您拨冗填写这份调查问卷！该问卷调查全球化背景下我国制造企业创新网络的现状。请您根据问卷内容选择最接近您看法的答案，您的回答对我们的研究意义重大，再次诚挚感谢您的热心帮助！

该问卷所获信息仅用于学术研究，对于问卷中涉及的企业信息，我们都会严格保密。

本问卷共19道题目，请认真阅读每一道题目，将最能说明您真实想法和表达您实际感受的选项填写在“（　）”内或在“____”上自填内容。

若您需要本调查问卷的分析报告，请在此处留下您的邮箱地址：

____

第一部分 企业情况

1. 贵公司所属行业领域为（　　）。

A. 汽车制造　　　　B. 医药制造

C. 食品制造　　　　D. 家具制造

E. 纺织服装、服饰

F. 计算机、通信和其他电子设备制造

F. 其他____________________

2. 贵公司的性质为（　　）。

A. 国有企业　　B. 集体所有制企业

C. 外资企业　　D. 混合制企业

E. 私营企业　　F. 其他企业

3. 贵公司员工人数大约为（　　）。

A. 50 人以下　　B. 51～200 人

C. 201～500 人　　D. 501～1000 人

E. 1001 人以上

4. 贵公司目前所处发展阶段为（　　）。

A. 企业新建初创期　　B. 销售额快速增长的成长期

C. 销售额趋于稳定的成熟期　　D. 销售额萎缩回落的衰退期

第二部分 全球制造现状

1. （1）贵公司是否在海外建有分公司或生产基地？（　）

A. 是　　B. 否

（2）您认为公司（未）建立海外分公司或生产基地最关心的因素是（　）。

A. 廉价劳动力　　B. 广阔的海外市场

C. 发达的技术　　D. 政策扶持

E. 其他____________________

2. 贵公司将产品更多销往（　　）。

A. 海外发达国家　　B. 海外发展中国家

C. 仅销往国内市场

3. （1）贵公司是否与海外企业建立了生产合作关系？（　）

A. 是　　B. 否

（2）您认为公司与海外企业建立生产合作关系最主要的渠道是（　　）。

A. 直接联系（以函电或发送资料的方式，自我介绍建立关系）

B. 国内外政府部门　　C. 相关论坛和会议

D. 海外中资企业搭桥介绍　　E. 专业咨询机构

F. 其他____________________

4. 近年来，贵公司国际销售额呈现（　　）趋势。

A. 小幅度上升　　B. 较大幅度上升

C. 小幅度下降　　D. 大幅度下降

E. 基本稳定

5. 您认为推动企业全球制造能力最关键的主体是（　　）。

A. 政府部门　　B. 企业自身

C. 行业协会　　D. 第三方企业

E. 其他

6. 贵公司可以从哪些方面改进全球制造能力？（　　）（可多选）

A. 在海外大力建设生产基地

B. 寻求海外技术研发合作

C. 增强企业生产力的同时积极开拓国外市场

D. 其他________________

第三部分 企业创新网络现状

1. 贵公司在实施创新战略时，会考虑与（　　）进行合作。（可多选）

A. 高校与科研机构　　B. 政府机构

C. 同行业其他企业　　D. 上下游相关企业

E. 咨询公司　　F. 用户

2. 贵公司与外部组织进行创新合作的时间一般为（　　）。

A. 半年以下（包括半年）　　B. 一年以下（包括一年）

C. 一年以上五年以下（包括五年）　　D. 五年以上

3. 贵公司与外部组织进行技术合作的类型为（　　）。

A. 常规销售活动　　B. 短期开发活动

C. 长期开发活动　　D. 技术信息交换

E. 技术试验合作

4. 贵公司与外部组织合作发生的主要环节为（　　）。

A. 基础研究阶段　　B. 提出新的概念

C. 原始开发　　D. 设计阶段

E. 试验阶段　　F. 投产阶段

G. 市场开发阶段

5. 在与外部组织进行创新合作时，贵公司获得的资源或信息多吗？（　　）

A. 非常多　B. 一般　C. 很少　D. 几乎没有

6. 贵公司对海外组织进行研发合作的态度是（　　）。

A. 与海外组织建立技术研发合作关系是提升企业创新能力的关键渠道，应该重视

B. 公司没有打算进入海外市场，因此没有必要与海外组织建立合作

C. 认为海外组织对企业创新能力的提升没有太大帮助，可以忽略其作用

D. 很重要，但没有能力与其建立合作

7. 贵公司合作的各个组织在类型、规模、创新能力等方面存在的差异大吗？（　　）

A. 非常大　B. 一般　C. 很小　D. 几乎没有

8. 您认为推动企业进行全球创新合作最关键的主体是（　　）。

A. 政府部门　B. 企业自身

C. 行业协会　D. 第三方企业

E. 其他______________________________

9. 为争取与外部组织长久合作，贵公司采取了哪些措施？（字数不限）

____

____

感谢您完成了这份调查问卷，请您仔细查看是否有遗漏题项，感谢您的支持与配合，祝您工作顺利！

附录2　江铃集团相关信息

（1）江铃集团全球市场分布

截止目前，江铃集团已经与美国福特公司、日本五十铃等多家500强企业以及世界领先汽车制造商建立了合作关系，在全球建立了12家海外运营中心，产品覆盖全球115个国家与地区。

（2）江铃集团产品介绍

经过多年的发展，目前江铃集团拥有福特、JMC以及驭胜三大产品系列，进一步划分，包括：福特撼路者、福特全顺、福特途睿欧、江铃驭胜、

江铃轻卡、江铃皮卡、江铃重卡、江铃特顺八类产品，具体如附表1所示。

附表1　　　　江铃集团主要产品系列

产品名称		产品介绍
福特撼路者（全路况智驱SUV）		与美国福特汽车合力打造，2.0L EcoBoost GTDi涡轮增压汽油发动机的最大功率180千瓦，最大扭矩360牛·米。配备全时四轮驱动、TMS路况实时管理系统、SYNC 2语音激活系统、真皮座椅，主动降噪技术和全景天窗。
福特全顺	福特新世代全顺	提供不同轴距及配置的车型，充分满足商务、客运、通勤、旅游需求，2015年全球突破800万销量。
	福特经典全顺	五十铃柴油发动机技术，德尔福公司柴油高压共轨系统，最大扭矩可达285牛·米，百公里最低油耗仅7.0L。
福特途睿欧（全进化欧系大MPV）		与美国福特汽车合作打造的专为中国市场服务的又一杰出作品，宽敞7座商务空间，1360L行李厢容积和灵活多变第三排座椅，2.0T Ecoboost增压直喷发动机，RAS后空气悬挂的高端商务MPV。
JMC轻卡	凯锐800H	重载气刹车型，江铃轻卡最大动力腾豹3.0发动机，3.0L排量，112千瓦功率。
	凯锐800L	高端轻卡旗舰车型，融合了五十铃技术、福特全球标准、江铃品质工艺。
	凯运宽体	高端轻卡巅峰车型，百公里油耗低至8L。
	新顺达	高端轻卡主打车型，流线形前脸造型。
JMC皮卡	2016款江铃域虎	域虎品牌升级车型，轿乘级别内饰。PUMA2.4L TDCI柴油发动机，1600转时即可输出峰值扭矩310牛·米。英国莲花调校底盘悬架系统，博格华纳电控分时四驱系统，全系标配博世8.2版本ABS+EBD系统。
	江铃宝典新超值版	宝典品牌升级车型。五十铃技术柴油发动机（JX493系列），2.8L排量，最大功率80千瓦，最大扭矩245牛·米。博世高压共轨技术，百公里油耗7.9L。历经200万公里道路严苛实验和测试，30万公里无大修。
江铃驭胜	全新驭胜S350（G动力实力派SUV）	G动力实力派SUV，4G表现：GTDI高效澎湃动力、Great出色的通过性、Global全球品控设计、Grade科技品质内饰。
	驭胜S330（活力派都市SUV）	面向新生代，属于江铃汽车的匠心之作。该类型汽车达到了福特标准，但同时立足国内市场需求，获得国内消费者的高度认可。

资料来源：基于相关资料整理。

附录3　奇瑞集团相关信息

奇瑞集团技术品质

奇瑞集团的技术体系由 TIX 平台和四大实验室组成，其具体介绍如附表 2 所示。

附表 2　　奇瑞集团技术体系

技术名称		技术简介
TIX 平台		由奇瑞上海技术中心（CTCS）打造，融合了捷豹路虎和观致技术的专业 SUV 平台，主要研发涡轮增压发动机、前麦弗逊后四连杆悬架、6D/3R 车身结构、博世第二代电动转向系、Cloundrive 2.0。
四大实验室	NVH 静谧降噪工程试验室	该实验室是国内最先进的实验室，具有最齐全的功能。实验室的开发流程促进了奇瑞汽车噪声处于 38 分贝的优秀成绩。
	M&C 精益感官工程试验室	该实验室具有全球最为先进的测样架和监测工具，要求以更高质量的工艺，提高奇瑞汽车产品质量。
	K&C 底盘操稳工程试验室	该实验室是从美国引进的，可以实现对底盘悬架系统及转向系统进行精准测试，从而提高奇瑞汽车底盘操稳性能。
	C&S 碰撞安全工程试验室	该实验室是一个具有世界领先水平的综合实验室，拥有最先进的测试系统，并已经达到了欧美等国 NCAP 要求，使得奇瑞汽车达到 C－NCAP 五星碰撞标准。

资料来源：基于相关资料整理。

附录4　广博集团相关信息

（1）广博集团主要分公司及其相关业务

广博集团一直致力于扩大企业规模，进入不同或相关的产业领域。近年来，广博集团通过不懈的努力，创建了四个主要分公司，继而形成以文具产业服务的三大相关产业，即新材料科技、智能家居和数码电子，具体如附表3所示。

附表3　　广博集团主要分公司的情况

广博集团分公司名称	所属领域	主要业务
博迁公司	新材料科技	纳米金属粉体、电子焊接材料、医疗生物材料的研发、生产、销售。
江苏广昇新材料有限公司		电子焊接材料、超细金属粉体及新能源导电浆料研发、生产、销售。
宁波春讯工艺品有限公司	智能家居	生产电视支架等产品
广博数码科技有限公司	数码电子	研发制造智能灯光控制系统

资料来源：广博集团官网。

（2）广博集团线上销售平台

广博集团积极与线上电商平台建立战略合作关系，截至目前，广博集团共与五家电商平台建立了销售合作关系，极大促进了广博集团的知名度与销售实力，如附图1所示。

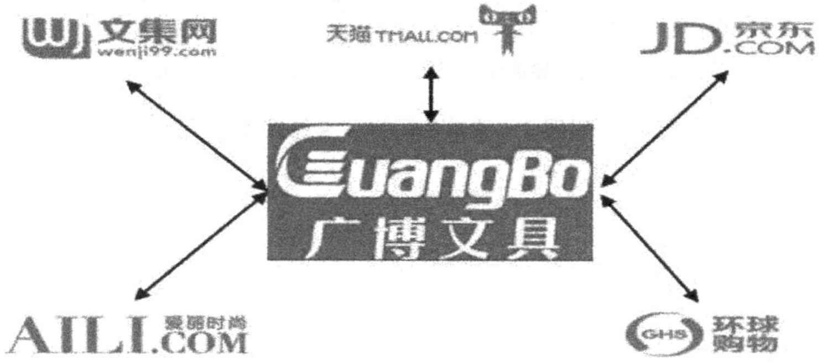

附图1　广博集团合作的五大电商平台

资料来源：广博集团官网。

附录5　欧琳集团相关信息

（1）欧琳集团全球营销网络

欧琳集团已为全球1200多万户用户带来更为尊贵的时尚、快乐生活体验。欧琳集团在全球70多个国家与地区建立了销售点，产品遍及全球市场，在国内设有1000余个销售网点。

欧琳集团产品远销70余个国家与地区，在国内设有1000余个销售网点，拥有全球1200多万户用户基础。

（2）欧琳集团智能设备

水槽ABB机械手

信息化智能仓储系统

智能化厨具生产车间

附图2　欧琳集团相关智能设备

参考文献

[1] Adner R. Match your innovation strategy to your innovation ecosystem. [J]. Harv Bus Rev, 2006, 84 (4): 98 - 107.

[2] Amit R and Schoemaker, P. J. H. Strategic assets and organizational rent [J]. Strategic Management Journal, 1993, 14 (1): 33 - 46.

[3] Atuahene Gima K, Murray J Y. exploratory and exploitative learning in new product development: A social capital perspective on new technology ventures in China [J]. Journal of International Marketing, 2007, 15 (2): 1 - 29.

[4] Barney. Firm resources and sustained competitive advantage [J]. Journal of Managemnet. 1991, 17 (1): 99 - 120.

[5] Bolisani E, Scarso E. International manufacturing strategies: Experiences from the clothing industry [J]. International Journal of Operations & Production Management, 1996, 16 (11): 71 - 84.

[6] Brush C G. From initial idea to unique advantage: The entrepreneurial challenge of constructing a resource base [and Executive Commentary] [J]. The Academy of Management Executive (1993 - 2005), 2001, 15 (1): 64 - 80.

[7] Brush T H, Artz K W. Toward a contingent resource base theory: The impact of information asymmetry on the value of capabilities in veterinary medicine [J]. Strategic Management Journal, 1999, 20 (3): 223 - 250.

[8] Burt R. S. Structural holes: The social structure of competition [M]. Cambridge, MA, Harvard University Press, 1992.

[9] Cairns R B, Cairns B D, Neckerman H J, et al. Social networks and aggressive behavior: Peer support or peer rejection? [J]. Developmental Psy-

chology, 1988, 24 (6): 815 -823.

[10] Carayannis E, Campbell D. Triple helix, quadruple helix and quintuple helix and how do knowledge, innovation and the environment relate to each other: A proposed framework for a trans - disciplinary analysis of sustainable development and social ecology [J]. International Journal of Social Ecology and Sustainable Development, 2010, 1: 41 -69.

[11] Chesbrough, H. Open innovation: The new imperative for creating and profiting from technology [M]. Boston: Harvard Business School Press, 2003.

[12] Crook T R, Ketchen Jr D J, Combs J G, et al. Strategic resources and performance: A meta - analysis [J]. Strategic management journal, 2008, 29 (11): 1141 -1154.

[13] COHEN M A, FISHER, M JAIKUMAR R. International manufacturing and distribution network: A normative model framework [M] Elsevier, Amsterdam, 1989.

[14] Collinson S C, Wang R. The evolution of innovation capability in multinational enterprise subsidiaries: Dual network embeddedness and the divergence of subsidiary specialisation in Taiwan [J]. Research Policy, 2012, 41 (9): 1501 -1518.

[15] Colotla I, Shi Y, Gregory M J. Operation and performance of international manufacturing networks [J]. International Journal of Operations & Production Management, 2003, 23 (10): 1184 -1206.

[16] Corsaro D, Ramos C, Henneberg S C, et al. The impact of network configurations on value constellations in business markets—The case of an innovation network [J]. Industrial Marketing Management, 2012, 41 (1): 54 -67.

[17] Costa Ferreira Junior S, Fleury A C C. Performance assessment process model for international manufacturing networks [J]. International Journal of Operations & Production Management, 2018, 38 (10): 1915 -1936.

[18] Davern M. Social networks and economic sociology: A proposed research agenda for a more complete social science [J]. American Journal of Eco-

nomics & Sociology, 1997, 56 (3): 287 - 302.

[19] Dedehayir O, Mäkinen S J, Ortt J R. Roles during innovation ecosystem genesis: A literature review [J]. Technological Forecasting & Social Change, 2018. 136.

[20] Drejer I, Jorgensen B H. The dynamic creation of knowledge: Analysing public - private collaborations [J]. Technovation, 2005, 25 (2): 83 - 94.

[21] Dubois F L, Toyne B, Oliff M D. International manufacturing strategies of U. S. multinationals: A conceptual framework based on a four - industry study [J]. Journal of International Business Studies, 1993, 24 (2): 307 - 333.

[22] Dyer J H, Singh H. The relational view: Cooperative strategy and sources of interorganizational competitive advantage [J]. The Academy of Management Review, 1998, 23 (4): 660 - 679.

[23] Dyer J. H., Kale P. and Singh H. How to make strategic alliances work [J]. Sloan Management Review, 2001, 8: 37 - 43.

[24] Einsenhardt KM. Building theories from case study research [J]. Academy of Management Review. 1989, 14 (4): 532 - 550.

[25] Eisenhardt K M, Tabrizi B N. Accelerating adaptive processes: Product innovation in the global computer industry [J]. Administrative science quarterly, 1995, 40 (1): 84 - 110.

[26] Ernst D, Kim L. Global production networks, knowledge diffusion, and local capability formation [J]. Research Policy. 2002, 31 (8 - 9): 1417 - 1429.

[27] Ernst, Dieter. Global production networks and the changing geography of innovation systems. Implications for developing countries [J]. Economics of Innovation and New Technology, 2002, 11 (6): 497 - 523.

[28] Ferdows K, Carabetta C. The effect of inter - factory linkage flexibility on inventories and backlogs in integrated process industries [J]. International Journal of Production Research, 2006, 44 (2): 237 - 255.

[29] FERDOWS K. Mapping international factory networks [M]. Elsevier,

Amsterdam, 1989.

[30] Fernando A, José D. Ecommerce business models in the context of web 3.0 paradigm [J]. International Journal of Advanced Information Technology, 2013, 3 (6), 1 - 12.

[31] Fernando Y, Wah W X, Shaharudin M S. Does a firm's innovation category matter in practising eco - innovation? Evidence from the lens of Malaysia companies practicing green technology [J]. Journal of Manufacturing Technology Management, 2016, 27 (2): 208 - 233.

[32] FLASHERTY M T. Coordinating international manufacturing technology [M]. Harvard Business School Press, 1989.

[33] Fombrum C J. Strategies for network research in organizations [J]. Academy of Management Review. 1982, 7 (2): 280 - 291.

[34] Freeman C. Network of innovators: A synthesis of research issues [J]. ResearchPolicy, 1991, 20 (5): 499 - 514.

[35] Fritsch M, Slavtchev V. Universities and innovation in space [J]. Industry and Innovation, 2007, 14 (2): 201 - 218.

[36] G, Cooper W H. Ecological embeddedness [J]. Academy of Management Journal, 2000, 43 (6): 1265 - 1282.

[37] Gardet E, Fraiha S. Coordination modes established by the hub firm of an innovation network: The case of an SME bearer [J]. Journal of Small Business Management, 2012, 50 (2): 216 - 238.

[38] Ge, B. S. and Dong, B. Resource integration process and venture performance: Based on the contingency model of resource integration capability [J]. International Conference On Management Science and Engineering At Long Beach, USA, 2008, (10): 281 - 288.

[39] Geels F W. Processes and patterns in transitions and system innovations: Refining the co - evolutionary muti - level perspective [J]. Technological Forecasting & Social Change, 2005, (72): 681 - 696.

[40] Gilsing V, Nooteboom B, Vanhaverbeke W. Network embeddedness and the exploration of novel technologies: Technological distance, betweenness centrality and density [J]. Research Policy, 2008, 37 (10): 1717 - 1731.

[41] Gonzalezvicente R. South – South relations under world market capitalism: The state and the elusive promise of national development in the China – Ecuador resource – development nexus [J]. Review of International Political Economy, 2018, 24 (1): 1 – 23.

[42] Granovetter M. The strength of weak ties [J]. American Journal of Sociology. 1973, 78 (6): 1360 – 1380.

[43] Granovetter, M. S. Economic action and social structure: The Problem of embeddedness [J]. American Journal of Sociology, 1985, 91 (3): 481 – 510.

[44] Granovetter, M. S. The strength of weak ties [J]. American Journal of Sociology, 1973, (8).

[45] Gulati R. Alliances and networks [J]. Strategic management journal, 1998, 19 (4): 293 – 317.

[46] Gulati R.. Network location and learning: The influences of network resources and firm capabilities on alliance formation [J]. Strategic Management Journal, 1999 (2): 397 – 420.

[47] Hansen M T. The search – transfer problem: The role of weak ties in sharing knowledge across organization subunits [J]. Administrative science quarterly, 1999, 44 (1): 82 – 111.

[48] He S, et al.. Towards a new wave in internationalization of innovation? The rise of China's innovative MNEs, strategic coupling, and global economic organization [J]. Canadian Journal of Administrative Sciences, 2017, 34 (4): 343 - 355.

[49] Helper S. Comparative supplier relations in the U. S. and Japanese auto industries: An exit/voice Approach [J]. Business & Economic History, 1990, 19: 153 162.

[50] Hitt M A, Leonard Bierman, Katsuhiko Shimizu, Rahul Kochhar. Direct and moderating effects of human capitalon strategy and performance in professional service firms: A resource – based perspective [J]. Academy of Management Journal, 2001, 44 (1): 13 – 28.

[51] Imai K I, Baba J. Systemic innovation and cross – border networks—

transcending markets and hierarchies to create a new techno – economic system [J]. Paris: OCDE, 1989.

[52] Jack S L, Anderson A R. The effects of embeddedness on the entrepreneurial process [J]. Journal of Business Venturing, 2002, 17 (5): 467 – 487.

[53] John Clark, Ken Guy. Innovation and competitiveness: A review [J]. Technology Analysis & Strategic Management, 1998, 10 (3): 363 – 395.

[54] Karamanos A G. Leveraging micro – and macro – structures of embeddedness in alliance networks for exploratory innovation in biotechnology [J]. R&D Management, 2012, 42 (1): 71 – 89.

[55] Kogut B, Kulatilaka N. Operating flexibility, global manufacturing, and the option value of a multinational network [J]. Management Science, 1994, 40 (1): 123 – 139.

[56] Koka, B. R, & Prescott, J. E. The evolution of interfirm networks: Environmental effects on patterns of network change [J]. Academy of Management Review, 2006, 31 (3): 721 – 737.

[57] Larson A. Network dyads in entrepreneurial settings: A study of the governance of exchange relationships. [J]. Administrative Science Quarterly, 1992, 37 (1): 76 – 104.

[58] Lazerson M. A new phoenix?: Modern putting – out in the modena knitwear industry [J]. Administrative Science Quarterly, 1995, 40 (1): 34 – 59.

[59] Lee T W, Mitchell T R, Sablynski C J, et al. The effects of job embeddedness on organizational citizenship, job performance, volitional absences, and voluntary turnover [J]. The Academy of Management Journal, 2004, 47 (5): 711 – 722.

[60] Lee, T. W. Using qualitative methods in organizational research. [M]. Thousand Oaks, CA: Sage Publications, 1999.

[61] Manimala M J. Networking for innovation: Anecdotal evidences from a large sample study of innovative enterprises [J]. Journal of Entrepreneurship,

1998, 7: 153 - 169.

[62] March J G. Exploration and exploitation in organizational learning [J]. Organization Science, 1991, 2 (1): 71 - 87.

[63] Marsden P V. Perspectives on social network research. by Paul W. Holland; Samuel Leinhardt [J]. Social Forces, 1981, 59 (2): 555.

[64] Meijboom B, Voordijk H. International operations and location decisions: A firm level approach [J]. Tijdschrift voor economische en sociale geografie, 2003, 94 (4): 463 - 476.

[65] Meijboom B, Vos B. International manufacturing and location deisions: Balancing configuration and coordination aspects [J]. International Journal of Operations & Production Management, 1997, 17 (8): 790 - 805.

[66] Moorman C, Zaltman G, Deshpande R. Relationships between providers and users of market research: The dynamics of trust within and between organizations [J]. Journal of Marketing Research, 1992, 29 (3): 314 - 328.

[67] Moser C A, Kalton G. Survey methods in social investigation [J]. Journal of the Operational Research Society, 1973, 24 (1): 148 - 148.

[68] Nohria N & Eccles, R. G. Networks and organizations: structure, form, and action [M]. Harvard Business School Press, 1992.

[69] Pan S L, Tan B. Demystifying case research: A structured - pragmatic - situational (SPS) approach to conducting case studies [J]. Information & Organization. 2011, 21 (3): 161 - 176.

[70] Portes A, Sensenbrenner J. Embeddedness and immigration: Notes on the social determinants of economic action [J]. American Journal of Sociology, 1993, 98 (6): 1320 - 1350.

[71] Portes, Alejandro. Social capital: Its origins and applications in modern sociology [J]. Annual Review of Sociology, 1998, 24 (1): 1 - 24.

[72] Ravasi D, Verona G. Organizing the process of knowledge integration: The benefits of structural ambiguity [J]. Scandinavian Journal of Management, 2001, 17 (1): 41 - 66.

[73] Rich Bendis. Science & innovation - based trends in the US [R].

36th Annual AAAS Forum on Science and Technology Policy, 2011.

[74] Rowley T, Behrens D, Krackhardt D. Redundant governance structures: An analysis of structural and relational embeddedness in the steel and semiconductor industries [J]. Strategic Management Journal, 2015, 21 (3): 369 - 386.

[75] Rudberg M, Olhager J. Manufacturing networks and supply chains: An operations strategy perspective [J]. Omega. 2003, 31 (1): 29 - 39.

[76] Schmenner R W. Multiplant manufacturing strategies among the fortune 500 [J]. Journal of Operations Management, 1982, 2 (2): 77 - 86.

[77] Shi Y, Gregory M. International manufacturing networks—to develop global competitive capabilities [J]. Journal of Operations Management, 1998, 16 (2 - 3): 195 - 214.

[78] Shi Y, Gregory M. Emergence of global manufacturing virtual networks and establishment of new manufacturing infrastructure for faster innovation and firm growth [J]. Production Planning & Control, 2005, 16 (6): 621 - 631.

[79] Sirmon, David G., Hitt, Michael A. & Ireland, R. Duane. Managing firm resources in dynamic environments to create value: Looking inside the black box [J]. Academy of Management Review, 2007, 32 (1): 273 - 292.

[80] Smelser N J, Swedberg R. The handbook of economic sociology [M]. Princeton: Princeton University Press, 1994.

[81] Soda G. The management of firms' alliance network positioning: Implications for innovation [J]. European Management Journal, 2011, 29 (5): 377 - 388.

[82] Tether B S. Who co - operates for innovation, and why: An empirical analysis [J]. Research Policy, 2002, 31 (6): 947 - 967.

[83] Uzzi B. Social structure and competition in interfirm networks: The paradox of embeddedness. [J]. Administrative Science Quarterly, 1997, 42 (1): 35 - 67.

[84] Uzzi B. The sources and consequences of embeddedness for the economic performance of organizations: The network effect [J]. American Sociological Review, 1996, 61 (4): 674 - 698.

[85] Venkatraman N, Lee C H. Preferential linkage and network evolution: A conceptual model and empirical test in the US video game sector [J]. Academy of Management Journa. 2004, 47 (6): 876 - 892.

[86] Vereecke A, Dierdonck R V, Meyer A D. A typology of plants in global manufacturing networks [M]. INFORMS, 2006.

[87] Wernerfelt B. A resource - based view of the firm [J]. Strategic management journal, 1984, 5 (2): 171 - 180.

[88] West J, Wood D. Creating and evolving an open innovation ecosystem: Lessons from symbian Ltd [J]. Social Science Electronic Publishing, 2008.

[89] Whiteman G, Cooper W H. Ecological embeddedness [J]. Academy of Management Journal, 2000, 43 (6): 1265 - 1282.

[90] Wolfe A W. Social network analysis: Methods and applications, by Stanley Wasserman; Katherine Faust [J]. Contemporary Sociology, 1995, 91 (435): 219 - 220.

[91] Yin R. K. Case study research: Design and methods [M]. 3rd ed. Thousand Oaks: Sage Publications, 2003.

[92] Yin R K. Case study research : Design and methods (5th) [M]. London: Sage Publications, 2014.

[93] Yumei W. Research of index system for knowledge innovation alliance network collaborative development evaluation basing on system dynamics [J]. Science of Science & Management of S & T, 2010, 31 (10): 119 - 128.

[94] Zahra S A, Nambisan S. Entrepreneurship in global innovation ecosystems [J]. AMS Review, 2011, 1 (1): 4 - 17.

[95] Zerni M, KALLUNKI J P, Nilsson H. The entrenchment problem, corporate governance mechanisms, and firm value [J]. Contemporary Accounting Research, 2010, 27 (4): 1169 - 1206.

[96] Zukin, Sharon, and Paul Dimaggio. The structures of capital: The social organization of the economy [M]. NewYork: Cambridge University Press, 1990.

[97] 蔡坚，杜兰英. 协同创新网络嵌入影响企业创新绩效的机制与

路径研究——基于知识协同的中介效应 [J]. 工业技术经济, 2013, 32 (11): 3-13.

[98] 蔡莉, 杨阳, 单标安等. 基于网络视角的新企业资源整合过程模型 [J]. 吉林大学社会科学学报. 2011 (3): 124-129.

[99] 蔡莉, 尹苗苗. 新创企业学习能力、资源整合方式对企业绩效的影响研究机制 [J]. 管理世界. 2009 (10): 1-10.

[100] 蔡宁, 潘松挺. 网络关系强度与企业技术创新模式的耦合性及其协同演化——以海正药业技术创新网络为例 [J]. 中国工业经济, 2008 (4): 137-144.

[101] 陈晓萍, 徐淑英, 樊景立. 组织与管理研究的实证方法 [M]. 北京: 北京大学出版社, 2008.

[102] 程松松, 董保宝, 杨红等. 组织即兴、资源整合与新创企业绩效 [J]. 南方经济, 2019 (3): 54-70.

[103] 陈志明. 全球创新网络的特征、类型与启示 [J]. 技术经济与管理研究, 2018, No. 263 (6): 51-55.

[104] 杜健, 吴东, 吴晓波等. 旗舰企业对本地企业知识转移的影响因素研究——基于全球制造网络的视角 [J]. 科学学研究, 2013, 31 (3): 407-414.

[105] 戴翔, 张二震. 我国外向型经济发展如何实现新突破——基于空间、结构和活力三维度分析 [J]. 南京社会科学, 2017 (9): 13-19.

[106] 党兴华, 郑登攀. 模块化技术创新网络的自组织演化模型研究 [J]. 研究与发展管理, 2009, 21 (4): 54-59, 67.

[107] 董保宝, 葛宝山, 王侃. 资源整合过程、动态能力与竞争优势: 机理与路径 [J]. 管理世界, 2011 (3): 92-101.

[108] 付丙海, 谢富纪, 韩雨卿. 创新链资源整合、双元性创新与创新绩效: 基于长三角新创企业的实证研究 [J]. 中国软科学, 2015 (12): 176-186.

[109] 菲利斯·塔雷诺, 罗斯·多诺霍, 布莱恩·库珀著, 王永贵等译. 管理研究方法 [M]. 北京: 清华大学出版社, 2015.

[110] 风笑天. 方法论背景中的问卷调查法 [J]. 社会学研究, 1994 (3): 13-18.

[111] 冯新舟．经济全球化新形势与中国的战略选择［J］．经济问题，2018（3）：1－6，18.

[112] 高祯华．物流企业资源整合方向研究［D］．大连：大连海事大学，2006.

[113] 郝迎潮，万迪昉．企业创新网络理论基础的系统分析［J］．经济问题，2008（11）：81－83.

[114] 洪茹燕．关系嵌入与吸收能力的协同对企业知识搜寻的影响——全球制造网络效应下对中国轿车企业自主创新分析［J］．重庆大学学报（社会科学版），2012，18（1）：71－76.

[115] 侯仕军．我国制造企业竞争力转型升级研究视角与展望［J］．管理现代化，2013（5）：35－37.

[116] 胡海波，黄涛．全球化视角下我国汽车制造企业创新网络演化路径："江铃"与"奇瑞"双案例研究［J］．科技进步与对策，2016，33（22）：69－77.

[117] 黄昱方，范芸．基于情境管理的创新网络跨边界知识治理研究［J］．科技管理研究，2013，33（19）：146－149，154.

[118] 贾晓霞．基于网络嵌入的中远船务海洋装备制造业务转型研究［J］．管理案例研究与评论，2015，8（6）：525－538.

[119] 贾勇，李冬姝．全球制造网络企业战略角色模型研究：引入企业社会资本概念［J］．科技进步与对策，2014，31（12）：80－85.

[120] 蒋晓萌．我国制药企业新药研发创新网络模式的构建［J］．安徽广播电视大学学报，2012（3）：33－38.

[121] 解学梅．中小企业协同创新网络与创新绩效的实证研究［J］．管理科学学报，2010，13（8）：51－64.

[122] 库尔特·多普弗．经济学的演化基础［M］．北京：北京大学出版社，2011.

[123] 李飞，陈岩，王海智．海外资源整合、全球网络嵌入路径与知识溢出［J］．科学学研究，2019，37（4）：679－688.

[124] 李奉书，黄婧涵．联盟创新网络嵌入性与企业技术创新绩效研究［J］．中国软科学，2018（6）：119－127.

[125] 李靖华，黄继生．网络嵌入、创新合法性与突破性创新的资源

获取［J］. 科研管理，2017，38（4）：10－18.

［126］李恒毅，宋娟. 新技术创新生态系统资源整合及其演化关系的案例研究［J］. 中国软科学，2014（6）：129－141.

［127］李万，常静，王敏杰等. 创新3.0与创新生态系统［J］. 科学学研究，2014，32（12）：1761－1770.

［128］厉伟，李健，汪国懋等. 中国省际创新资源整合绩效评价——基于2009—2013省际面板数据的分析［J］. 科技管理研究，2016，36（12）：72－76.

［129］陆亚东，孙金云. 复合基础观的动因及其对竞争优势的影响研究［J］. 管理世界，2014（7）：93－106，188.

［130］李志强，李政，王建秀. 创新网络内企业合作博弈研究——知识共享的角度［J］. 科技管理研究，2017，37（13）：16－23.

［131］连远强，刘俊伏. 成员异质性、网络耦合性与产业创新网络绩效［J］. 宏观经济研究，2017（9）：128－136，163.

［132］刘炜，刘逸，李郇. 全球化下珠三角本土企业创新网络的演变及影响因素研究——基于顺德东菱凯琴集团和珠海德豪润达集团的对比实证［J］. 经济地理，2010，30（8）：1316－1321，1394.

［133］卢彬彬. 中小制造企业全球竞争力的内涵及培育路径——2016全球制造业竞争力指数的启示［J］. 北方经贸，2016（12）：80－81.

［134］罗家德. 社会网分析讲义［M］. 北京：社会科学文献出版社，2005.

［135］马鹤丹，孙洁. 区域创新网络模式的比较［J］. 大连海事大学学报（社会科学版），2011，10（1）：44－47.

［136］马鸿佳，董保宝，葛宝山. 资源整合过程、能力与企业绩效关系研究［J］. 吉林大学社会科学学报，2011（4）：71－78.

［137］马琳，吴金希. 全球创新网络相关理论回顾及研究前瞻［J］. 自然辩证法研究，2011，27（1）：109－114.

［138］（美）切萨步鲁夫等著，陈劲等译. 开放创新的新范式［M］. 北京：科学出版社，2010.

［139］马腾，贾荣言，刘权乐等. 我国创新网络研究演进脉络梳理及前沿热点探析［J］. 科技进步与对策，2018，35（3）：22－28.

[140] 马迎贤．组织间关系：资源依赖视角的研究综述［J］．管理评论，2005（2）：55－62，64.

[141] 毛睿奕，曾刚．基于集体学习机制的创新网络模式研究——以浦东新区生物医药产业创新网络为例［J］．经济地理，2010，30（9）：1478－1483.

[142] 孟迪云，王耀中，徐莎．网络嵌入性、商业模式创新与企业竞争优势关系研究［J］．财经理论与实践，2016（5）：108－114.

[143] 欧阳桃花．试论工商管理学科的案例研究方法［J］．南开管理评论．2004（2）：100－105.

[144] 彭新敏，吴东，郑刚．全球制造网络中后发企业的持续升级：一个双元性视角［J］．科研管理，2016，37（1）：145－152.

[145] 潘善琳，崔丽丽．SPS案例研究方法［M］．北京：北京大学出版社，2016.

[146] 彭新敏．权变视角下的网络联结与组织绩效关系研究［J］．科研管理，2009，30（3）：47－55.

[147] 饶扬德．企业资源整合过程与能力分析［J］．工业技术经济，2006，9（5）：12－30.

[148] 任宗强．基于创新网络协同提升企业创新能力的机制与规律研究［D］．杭州：浙江大学，2012.

[149] 沈必扬，池仁勇．企业创新网络：企业技术创新研究的一个新范式［J］．科研管理．2005，26（3）：84－91.

[150] 石乘齐，党兴华．技术创新网络演化研究述评及展望［J］．科技进步与对策．2013，30（7）：156－160.

[151] 舒谦，陈治亚．影响中国制造型企业研发投入的治理结构因素［J］．科学学与科学技术管理，2013（9）：97－106.

[152] 苏敬勤，崔淼．工商管理案例研究方法［M］．北京：科学出版社，2011：81－83.

[153] 孙凯，谢波，赵洋．创新网络成员异质性研究的回顾与展望［J］．学习与实践，2016（4）：17－28.

[154] 孙启贵，刘世芳．后发企业的破坏性创新战略研究——以奇瑞汽车为例［J］．科技管理研究，2014（15）：4－9.

[155] 唐青青，谢恩，梁杰. 知识深度、网络特征与知识创新：基于吸收能力的视角 [J]. 科学学与科学技术管理，2018，39 (1)：55 -64.

[156] 田钢，张永安. 集群创新网络演化的动力和合作机制研究 [J]. 软科学 .2008，22 (8)：91 -96.

[157] 王海军，张悦. 企业模块化协同创新及网络化资源管理：基于海尔的探索性研究 [J]. 科技进步与对策，2018，35 (21)：97 -105.

[158] 王威. 跨国公司创新形式与创新网络模式探讨 [J]. 中国科技论坛，2007 (6)：36 -39，117.

[159] 邬爱其，贾生华. 企业成长机制理论研究综述 [J]. 科研管理，2007 (2)：53 -58.

[160] 吴升. 技术创新网络构建与协同创新绩效提升路径 [J]. 统计与决策，2016 (13)：55 -57.

[161] 吴松强，蔡婷婷，赵顺龙. 产业集群网络结构特征、知识搜索与企业竞争优势 [J]. 科学学研究，2018，36 (7)：1196 -1205，1283.

[162] 吴晓波，刘雪锋. 全球制造网络及其对发展中国家的意义 [J]. 西安电子科技大学学报 (社会科学版)，2006，16 (2)：1 -6.

[163] 吴晓波，吴东. 全球制造网络与我国制造企业嵌入模式 [J]. 科技进步与对策，2009，26 (4)：42 -44.

[164] 汪秀婷，程斌武. 资源整合、协同创新与企业动态能力的耦合机理 [J]. 科研管理，2014，35 (4)：44 -50.

[165] 王凯，吴勇，朱卫东. 开放式创新模式下企业创新资源整合能力的形成机理 [J]. 科技管理研究，2018，38 (1)：25 -29.

[166] 薛荣久. 经济全球化的影响与挑战 [J]. 世界经济，1998 (4)：6 -10.

[167] 颜永才. 产业集群创新生态系统的构建及其治理研究 [D]. 武汉：武汉理工大学，2013.

[168] 杨张博. 网络嵌入性与技术创新：间接联系及联盟多样性如何影响企业技术创新 [J]. 科学学与科学技术管理，2018，39 (7)：51 -64.

[169] 易朝辉. 资源整合能力、创业导向与创业绩效的关系研究 [J]. 科学学研究 .2010 (5)：757 -762.

[170] 俞可平．经济全球化与治理的变迁［J］．哲学研究，2000（10）：17－24，79.

[171] 张宝建，胡海青，张道宏．企业创新网络的生成与进化——基于社会网络理论的视角［J］．中国工业经济，2011（4）：117－126.

[172] 张春雨，郭韬，刘洪德．网络嵌入对技术创业企业商业模式创新的影响［J］．科学学研究，2018，36（1）：167－175.

[173] 张路蓬．基于创新网络的协同创新机制研究［D］．哈尔滨：哈尔滨工程大学，2016.

[174] 张伟峰，万威武．企业创新网络的构建动因与模式研究［J］．研究与发展管理，2004（3）：62－68.

[175] 张永安，葛振猛．基于核心企业的创新网络结构类型研究［J］．商业经济研究，2014（10）：98－99.

[176] 张永凯，李登科．全球化视角下中国本土企业创新网络演化分析——以华为技术有限公司为例［J］．世界地理研究，2017，26（6）：92－100.

[177] 曾一军．新创企业的社会网络嵌入研究［J］．科技进步与对策，2007（12）：91－95.

[178] 赵放，曾国屏．多重视角下的创新生态系统［J］．科学学研究，2014，32（12）：1781－1788，1796.

[179] 赵炎，周娟．企业合作网络中嵌入性及联盟类型对创新绩效影响的实证研究——以中国半导体战略联盟网络为例［J］．研究与发展管理，2013，25（1）：12－23.

[180] 朱迪·埃斯特琳．美国创新在衰退［M］．北京：机械工业出版社，2010.

[181] 庄晋财，沙开庆，程李梅，孙华平．创业成长中双重网络嵌入的演化规律研究——以正泰集团和温氏集团为例［J］．中国工业经济，2012（8）：122－134.

[182] 曾萍，李熙．产学研合作研究综述：理论视角、合作模式与合作机制［J］．科技管理研究，2014，22：28－32，49.